좋은 사람만
만나도
인생은 짧다

좋은 사람만
만나도
인생은 짧다

초판 1쇄 인쇄 2022년 11월 21일
초판 1쇄 발행 2022년 11월 28일

지은이 | 김이율
펴낸이 | 김의수
펴낸곳 | 레몬북스(제396-2011-000158호)
주   소 | 경기도 고양시 덕양구 삼원로73 한일윈스타 1406호
전   화 | 070-8886-8767
팩   스 | (031) 990-6890
이메일 | kus7777@hanmail.net

ISBN 979-11-91107-32-6 (03320)

좋은 사람만
만나도
인생은 짧다

나와 마주 보기
나를 안아주기

김이율 지음

레몬북스
lemon books

◆

나는 살고, 아프고, 실수하고,
모험하고, 주고, 사랑함으로써 죽음을 늦춘다.

– 아네 닝

'인생은 무엇일까?'

이 질문에 당신은 명쾌하게 대답할 수 있는가?

인생을 안다는 건 그리 쉬운 일이 아니다.

봄과 여름이 다르고 바다와 하늘이 다르고 나무와 돌이 다르듯 어제의 삶과 오늘의 삶은 분명 다르다. 상황에 따라, 의지에 따라, 역할에 따라 달라지고 변하는 것이 인생이다.

인생은 다채롭다. 구름 위를 걷는 기분을 느끼기도 하다가, 어둡고 깊은 수렁에 빠져 숨조차 쉴 수 없을 때도 있다.

버럭 화를 내기도 하다가, 누군가의 우스갯소리에 실실 웃음을 보이기도 한다. 열정적으로 일하다가도 어떤 날은 손가락 하나도 까딱

하기 싫은 날이 있기도 하다.

문득 바다가 그리워 깊은 밤에 일상을 버리고 홀로 여행을 떠났다가도 혼자라는 생각에 몹시 외롭고 사람이 그리워 다시 도시의 섬으로 되돌아온다.

인생은 예측 불허다. 그렇다고 인생이 늘 무지갯빛처럼 화려하고 생동감이 넘치는 것만은 아니다.

때론 단순하기도 하다. 반쯤 감긴 눈을 비비며 일어나 아침밥을 먹는 둥 마는 둥 옷을 대충 챙겨 입고 늘 가던 곳으로 향한다. 동료나 친구들과 형식적인 인사를 건네고 자리에 앉아 컴퓨터를 두드리거나 공상에 빠진다. 밤이 되면 집으로 다시 기어들어 오고 피곤한 하루를 마감하며 잠을 청한다. 역시 다음 날에도 같은 삶이 반복된다. 자극도 없고 꿈도 없는.

인생이 다채롭건 단순하건 중요한 건 인생이라는 그릇에 무엇을 담느냐다. 논어에 나오는 것처럼 열다섯 살에 학문에 뜻을 두고 서른 살에 자립하고 쉰 살이 되면 하늘의 뜻을 아는 것처럼 근사하고 아름답고 행복한 내용물을 담으면 얼마나 좋을까. 그러나 어찌 뜻대로 되겠는가.

우리 주위엔 너무 많은 유혹이 도사리고 있다. 그 유혹에 휩싸여 인생이 나락에 떨어지기도 하고 한없이 나약하고 비굴한 존재가 되기도 한다.

그러하기에 우리는 인생을 잘 다듬고 잘 보호하고 잘 엮어가야 한다. 그래야 후회를 덜 하고 안전하게 살 수 있다. 그러기 위해선 끊임없이 배우고 느끼고 생각하고 행동하고 꿈꾸며 사는 방법밖엔 없다.

지금까지 살아왔던 인생을 되돌아보고 잘한 것은 격려하고 못한 것은 반성하며 또한 앞으로 살아갈 인생에 대해 계획하고 꿈꾸길 바라는 마음으로 이 책을 엮었다.

인생이라는 명제 앞에서 깊이 사유했던 철학자들(톨스토이, 쇼펜하우어, 파스칼, 발타사르 그라시안, 아우렐리우스 등)의 생각을 흡수하고 조합하고 비틀며 현대적인 감각에 맞게 새 틀에 담았다. 또한 그들의 생각에 부족하나마 필자의 느낌을 곳곳에 덧붙였다.

부디 이 책이 깊은 산 단풍나무처럼 당신의 인생이라는 나무에 아름다운 생각과 행복을 물들이기를 바라며, 또 하나 평생을 살 것처럼 간절히 꿈꾸고 오늘 죽을 것처럼 뜨겁게 살기 바란다.

김이율

차 례

PART 2

성찰의 무게 _59
백 개의 절망을 한 개의 희망이 능히 이길지니

PART 3

처세의 부피 _111
사람과 사람 사이에 인생의 정답이 숨어 있으니

관계의 깊이

자기를 찍는 도끼에도 향을 묻히는 향나무처럼

PART

1

작은 일에도 최선을 다하고 남을 위해 세심한 관심을 기울이며 작은 것 하나라도 잘 챙겨주는 사람이라면 굳이 다 겪지 않았다고 해도 그 사람을 믿을 수 있고 함께 마음을 나눌 만하다. 하나를 알면 열을 안다. 그러니 당신도 행동 하나하나에도 신경을 써라.

01

작고 사소한 것이
때론 그 사람의 전부이다

작은 벌레 한 마리가 몇백 년을 견뎌온 나무를 무너뜨릴 수 있다. 반면에 작은 마이크로칩 하나가 인류의 미래를 바꿀 수도 있다. 작다고 얕잡아 볼 일이 아니다. 작은 것 하나 때문에 자칫 인생을 망칠 수도 있다. 물론 작은 것 하나 때문에 인생을 성공시킬 수도 있다.

경력이 오래된 식물학자는 일반 사람들과 다른 통찰력을 가지고 있다. 그건 바로 작은 것을 통해 모든 것, 즉 전체를 본다는 것이다. 풀잎 하나를 통해 그는 나무 전체를 짐작해 낸다. 또한 작은 뼛조각만으로도 능히 그 동물의 전체 형상을 예측하는 것도 가능하다. 이처럼 작은 것은 곧 전부를 말하기도 한다.

이건 인간을 평가할 때도 적용된다. 행위는 마음속에서 나오는 것이기에, 내심에서 나온 작은 하나만으로 인간의 모든 면을 미뤄 짐작하고 측량할 수 있다.

어떤 사람의 인간적인 면을 알고자 할 때는 그의 일상을 잘 들여다볼 필요가 있다. 인간은 자기에게 닥친 중대한 사건 앞에는 자신을 굽히기 마련이지만 일상에서 행하는 사소한 일에는 천성대로 행동을 하기 때문이다.

그 일상적인 생활 속에서 그가 다른 사람을 대할 때, 어떤 태도를 보이는지 유심히 살펴보라. 아무리 작은 일이라도 다른 사람을 무시하거나 자신의 이기심만을 내세운다면 그는 전적으로 인생을 함께할 인물로는 부적합하다.

그러니 작은 일에도 최선을 다하고 남을 위해 세심한 관심을 기울이며 작은 것 하나라도 잘 챙겨주는 사람이라면 굳이 다 겪지 않았다고 해도 그 사람을 믿을 수 있고 함께 마음을 나눌 만하다. 하나를 알면 열을 안다. 그러니 당신도 행동 하나하나에 신경을 써라.

02

주고받음이
최고의 경지이다

주는 것만이 최고의 사랑이라 말할 수 없다. 또한 받는 것만이 최고의 사랑이라 말할 수도 없다. 사랑에도 균형이 필요하다. 균형이 깨져 한쪽으로 기울면 그 사랑은 위태롭고 오래가지 못한다.

또한 진정한 사랑이 없는 무모한 야심은 자칫, 인간에 대한 분노와 증오로 변질될 수 있다. 그렇게 된 까닭은 대개 어렸을 때 불행하였거나, 아니면 성인이 된 후 억울한 일을 당하였기 때문이다. 또한 남에게 괴로움이나 박해를 당했던 기억 때문일 것이다.

지나치게 강한 자아는 일종의 감옥과도 같다. 감옥에서 빠져나오지 않는 이상 인생을 마음껏 즐길 수 없다.

반드시 자신을 가둔 감옥에서 빠져나와야 한다. 자아의 감옥에서 빠져나온 자만이 진정한 사랑과 애정을 품을 수 있다. 사랑은 받는 것만으로는 충분하지 않다. 사랑을 주는 것만큼 사랑을 받고, 사랑을 받는 것만큼 줄 때, 그 사랑이야말로 완전한 것이고 아울러 진정으로 사랑의 최고 경지에 이르렀다고 말할 수 있다.

03

자기를 찍는 도끼에도 향을 묻히는 향나무처럼

사랑을 얻으면
다 얻는 것이다

이 세상에 사랑만큼 강렬한 욕망이 또 있을까?

그래서 사람이라면 누구나 다 사랑을 받고 싶은 욕망을 가지고 있다.

사람은 사랑을 받기 위해서 남에게 자신의 모든 것을 다 보여주기도 하고 무슨 일이든 다 하기도 한다. 또한 누군가가 나를 더 알아주길 바라며 끊임없이 나를 더 많이 사랑해 주길 갈망하고 요구한다.

사람의 마음속에 있는 사랑의 욕구는 참으로 끝이 없다. 우주보다 넓고 바다보다 깊다. 사랑의 욕구를 이해하고 측정한다는 것은 거의 불가능한 일이다.

어떤 사람의 행동이나 태도 그리고 성격 등 모든 것을 끝까지 추적해 보면 그 모든 원인이 결국은 사랑에의 욕구에서 시작됨을 알 수 있다.

사랑받고 싶은 욕구는 죄악도 아니고 부끄러운 일도 아니다. 인간의 가장 기본적인 욕구이다.

어느 날, 당신에 대해 사랑의 욕망을 가진 이성이 나타날지도 모른다. 그는 종일 당신의 마음속에서 헤매고 다닐지 모른다. 반대로 당신도 누군가에게 사랑받기 위해 누군가의 마음 언저리에서 서성이며 방황할지도 모른다. 사람으로 태어난 이상 사랑 없이 산다는 건 있을 수 없는 일이다. 물론 그 사랑이 일방적이거나 과격한 집착이어선 안 된다. 돈이나 명예 등의 조건 때문에 사랑을 해서는 안 된다.

사랑, 그 자체에 목숨을 걸어야 한다. 사람은 사랑을 얻기 위해 자신의 시간이나 돈, 재능, 심지어 인생을 통째로 기꺼이 내어놓기도 한다. 그게 정말로 아름다운 사랑이며 감히 아무나 할 수 없는 사랑이기도 하다.

자기를 찍는 도끼에도 향을 묻히는 향나무처럼

아버지와 어머니만큼
위대한 사람은 없다

아버지는 누구인가? 어머니는 누구인가?

그들을 정의 내리기는 참으로 어렵다. 그러나 분명한 사실은 신에 버금가는 위대한 존재라는 사실이다. 그들은 아버지라는 이름으로, 어머니라는 이름으로 우리를 위해서 참으로 많은 희생과 시련과 땀을 감수하며 살고 있다.

그런데 우리는 생각해 볼 게 있다. 과연 우리라는 존재가 그들에게 있어 그런 희생과 시련과 땀을 참고 견뎌나갈 만큼의 의미가 있느냐, 하는 것이다.

도대체 우리가 무엇이기에, 우리를 위해 그들은 눈을 비비고 일어나 차가운 새벽 공기를 맞으며 일터로 나가는가? 무엇이 그들을 물속에 빠진 자식을 구하기 위해 수영도 못 하면서 물속으로 뛰어들게 만드는가?

우리는 너무나 그들에게 바라기만 했고 우리 자신만을 생각하며 살아온 건 아닐까?

지금 이 순간에도 그들은 더 맛있는 음식 하나, 더 좋은 옷 하나를 우리에게 주려고 부러진 다리를 움켜잡으며 일터로 나가고 있다. 우리는 우리만을 생각하지만 그들은 다르다. 그들의 머릿속엔 오직 자식들뿐이다.

언젠가는 우리도 그들이 살아왔던 희생과 사랑의 길을 가게 될 것이다.

그들은 우리에게 바라는 게 하나도 없다. 다만 우리가 잘 지내기만을 원한다.

그런 그들에게 우리가 해줄 수 있는 건 뭔가?

어려운 일이 아니다. 아주 작고 사소한 일이다. 지금 행하라.

거창한 것을 주려고 망설이다가는 아무것도 주지 못한다. 작은 것이 그들에겐 큰 위안이 되고 살아가는 이유가 된다. 당장 그들에게 전화 한 통을 하라. 그리고 오늘 한 번쯤은 그들에게 마음을 담아 사랑한다는 말을 전하라. 그리고 오늘 한 번쯤은 진정으로 울며 용서를 구하라.

그리고 알려라. 그들이 우리를 사랑하는 것만큼 우리 또한 그들을 사랑하고 있는 것을.

◉

죽음의 공포보다 강한 것은 사랑의 감정이다.
헤엄을 못 치는 아버지가, 자식이 물에 빠졌을 때
물속에 뛰어드는 것은 사랑의 감정이 시킨 것이다.
사랑은 타인의 행복을 위할 때 비로소 나타는 것이다.
인생에는 허다한 모습이 있지만 그것을 해결할 길은 오직 사랑뿐이다.
사랑은 나 자신을 위해서는 악하고 남을 위해서는 강하다.

-톨스토이

05

돈보다 다이아몬드보다
더 귀한 게 있다

인생에 있어서 행복은 무엇일까? 배가 고픈 사람에게는 빵 한 조각이 행복일 것이고 가뭄으로 고통받는 이들에게는 한 줄기의 비가 행복일 것이고 가난으로 인해 삶이 고달픈 사람은 돈이 행복일 수 있다. 이처럼 행복은 보는 관점에 따라 달라진다. 그리고 행복을 주는 요소 가운데 누구나 공감할 수 있는 것은 바로 친구를 얻는 것이다.

참된 친구는 어릴 때나 젊을 때 얻기는 힘들다. 그만큼 많이 겪어보고 판단해야 하기 때문이다. 그러기에 성숙기에 참된 친구를 얻는 게 걸맞다. 참된 친구를 얻을 수 있는 어른의 시기는 참으로 축복받은 시기다.

참된 친구는 당신에게 깨달음을 준다. 게다가 친구는 나를 인정해 주고 이해한다. 그런 친구가 없다면 지식이라는 것도 무용지물에 불과하다.

참된 친구는 반지와도 같다. 잘 다뤄야 한다. 반지를 손가락에 너무나 꽉 끼게 끼면 손가락이 다치고 만다. 그리고 반대로 빠질 정도로 너무나 헐거워도 안 된다.

참된 친구는 다이아몬드와 같다. 깊이가 있으며 우아하고 섬세하다. 또한 어떤 충격에도 절대 부서지지 않는 견고함이 있고 아무리 뜨거운 불이라도 다이아몬드는 태우지 못한다.

참된 친구는 배신하지 않는다. 아부나 뇌물 따위에 당신을 악의 구렁텅이에 빠지게 하지 않는다.

다만 의심이라는 무서운 독이 친구와 당신 사이를 갈라놓을 뿐이다.

자기를 찍는 도끼에도 향을 묻히는 향나무처럼

백 명보다 한 명이
더 소중하다

친구 갖기를 원하지 않는 사람은 없을 것이다. 사람은 외롭기 때문이다. 그렇다고 억지로 친구를 사귀려 애쓰지 마라.

친구에는 여러 부류가 있다.

카페에 앉아 어제 있었던 일에 대해 대화를 나누는 친구, 혼자서 식사하기가 민망해서 함께 식사를 해줄 수 있는 친구, 긴 여행을 떠날 때 동행할 수 있는 친구, 결혼식에 함께 갈 친구, 사업이 잘 풀려서 기쁨을 나눌 때 필요한 친구 등이 있다. 그러나 이런 부류의 친구들은 도처에 널렸다. 손만 뻗으며 만날 수 있다.

하지만 이들의 특징은 내가 어려움에 빠져 있을 때, 극명하게 본심을 드러낸다. 정말로 도움이 필요할 때에는 이들은 아무도 나를

향해 달려오지 않는다. 꼼짝도 하지 않는다. 마치 발바닥의 티눈
처럼.

　그러니 이런 친구들을 통해 또 다른 나를 발견하겠다는 꿈은 일찌
감치 버려라.

　참된 친구란 내 눈물의 반과 같다. 내 눈물을 이해하고 나 대신 눈
물을 흘려줄 수 있는 사람, 그게 바로 참된 친구다. 그런 친구가 단
한 명이라도 있다면 그걸로 충분하다.

자기를 찍는 도끼에도 향을 묻히는 향나무처럼

질투를 다스리는 힘을
가져야 한다

인간에게는 다양한 감정이 있다. 그런 감정 중에는 사랑이나 관심 그리고 만족과도 같은 긍정적인 감정도 있지만 미움이나 시기, 질투 등의 부정적인 감정도 있다.

그러나 우리가 알아야 할 것은 온갖 감정 중에 가장 불행한 감정은 바로 질투라는 사실이다.

질투심이 지나치게 강한 사람은 남의 행복을 허락하지 않는다. 남에게 불행을 가하려 한다. 그 때문에 자기 자신도 불행의 늪에 빠지고 만다.

자기가 가진 행복에 만족하지 못하고 남이 가지고 있는 것에서 괴로움을 발견한다. 어떻게든 자기의 이익을 위해 남의 이익을 가로

챘다.

질투의 감정은 하루빨리 버려야 한다. 질투의 감정이 제멋대로 날뛰게 되면 이제까지 쌓았던 덕은 하루아침에 날아가고 뛰어난 재능까지도 사라지고 만다.

그러나 질투의 감정을 완전히 사라지게 하는 건 어렵다. 인간은 어쩔 수 없이 질투라는 감정을 갖고 살아야 하기 때문이다.

추운 겨울날, 걸어서 공장에 출근하는 노동자는 차를 타고 출근하는 사장을 보면 부러워할 것이며 어느 정도 질투를 느끼기도 한다. 또한 추운 날씨에 밖에서 일하는데 왜 과학자들은 따뜻한 연구실에서 시간을 보내고 있는지 화가 나기도 한다.

능력이 뛰어난 사람은 바깥일만 하면 되고 집안일을 하지 않는 것에 대해 불만이 있을 수도 있다. 그러나 이런 감정은 당연하다.

다만 퍽 다행스럽게도 인간의 감정에는 질투의 감정을 불식시켜주는 감정이 있다. 그건 바로 칭찬이다.

진정으로 행복하기를 원한다면 이제부터 누구든지 칭찬을 많이 하라. 질투는 반으로 줄이고 칭찬은 두 배로 늘려라. 그러면 세상 사람도 좋고 당신도 좋을 것이다.

비교하지 않는 순간,
이 세상 모든 것을 얻는다

질투는 일종의 악의 감정이긴 하지만 긍정적인 측면으로 해석하자면 덕(德)의 일면과 지(智)의 일면을 가지고 있다.

그 이유는 질투는 사물이나 사람을 볼 때 한 면만을 보는 게 아니고 다른 것과 관련하여 보는 데서 생기기 때문이다.

예를 들어보자.

당신이 당신의 욕구를 충족시킬 만한 월급을 받고 있다고 하자. 그러면 당연히 그 월급을 보며 행복해하고 만족해할 것이다. 그런데 당신과 같은 능력을 갖춘 사람이 당신보다 두 배, 세 배의 월급을 받는다면 어떠할까?

순간, 당신은 정신이 혼미해질 것이다. 가까스로 정신을 차려보면 이미 가슴속은 질투와 시샘의 불꽃으로 활활 타오르고 있다는 것을 느낄 것이다.

월급에 대한 만족감은 금세 불만족으로 바뀌고 억울한 마음이 들고 사장에 대한 배신감마저 들 것이다.

이러면 어떻게 대처해야 할까?

사장에게 달려가 따진다고 한들 소용없다. 해결책은 단 하나. 바로 정신 수양이다.

일단 흥분을 가라앉히고 심호흡을 10차례 정도 가늘게 반복하라. 그리고 정신을 맑게 하라. 여기서 말하는 정신 수양이란 별게 아니다. 오직 당신만 생각하고 다른 사람, 다른 일, 다른 잡념을 머릿속에서 지워버리라는 것이다.

쓸데없는 생각을 하지 않는 것만이 최고의 방법이다. 스스로 행복하다고 주문을 외우면 모든 것이 다 해결된다.

가슴 깊이 박혀 있는 질투와 시기의 가시를 뽑아내라. 그러면 당신은 행복해질 수 있고 또한 모든 사람의 부러움을 살 것이다. 만족만큼 아름답고 행복한 감정이 어디 있겠는가.

생각해 보라. 당신보다 월급을 두 배, 세 배를 받는 사람이라고 다 행복한 건 아니다. 그는 자기보다 더 많은 월급을 받는 사람을 생각하면서 마음에 질투와 시샘을 키우고 있는지도 모른다. 이처럼 욕심이란 마침표가 없다.

나폴레옹도 자신의 영광에 만족하지 못했다면 아마도 시저를 부러워했을 것이다. 시저 역시 자신의 삶에 만족하지 못했다면 알렉산더를 부러워했을 것이다. 알렉산더에게 만족이라는 감정이 없었다면 그 역시 자기보다 더 잘나고 위대한 이를 부러워했을 것이다.

더 많이 갖고 더 많이 이룬다고 해도 질투나 시샘에서 벗어날 수는 없다.

앞서 말한 바와 같이 질투에서 해방되는 길은 오직 하나. 당신 앞에 놓여 있는 작은 기쁨과 환희에 감사하고 기쁨의 잔을 마시는 것이다.

당신이 맡은 직분에 온 힘을 다하고 당신보다 행복해 보이는 사람과 당신을 비교하지 않는다면 그 뒤로부터 당신은 세상이 모든 것을 다 얻을 수 있을 것이다.

당신은 당신 자신에게 주어진 일을 잘 해냄으로써
비로소 이 세상에 기여할 수 있는 것입니다,
생각해 보십시오.
무한히 넓은 바다를 이루는 것은
작은 한 방울의 물이며,
드넓은 백사장을 만드는 것은
작은 한 알의 모래입니다.
자신이 할 수 있는 것,
자신이 가진 것이
작다고 한탄만 하지 마십시오.
작은 한 방울의 물,
작은 한 알의 모래, 그것들이 만들어내는
광활하고 아름다운 바다와 백사장을 기억하십시오.

–에이런 캐디

09

대화는 상대방에게
나를 알리는 모든 것이다

사람과 사람이 만나면 가장 먼저 하는 게 말을 섞는 일이다. 말을 섞는다는 것, 즉 대화는 당신의 생각을 표현하는 수단이며 당신의 생각과 상대방의 생각을 조율해 가는 과정이다. 대화에도 기술이 필요하다. 대화를 통해 그 사람의 모든 면모가 드러나기 때문이다.

대화를 할 때는 특히 주의해야 한다. 대화를 우습게 보거나 별 대수롭지 않은 일로 생각하면 안 된다. 대화는 아주 일상적이기도 하지만 때론 대화를 통해 돋보일 수도 있고 순식간에 몰락할 수도 있다.

글로 남게 되는 문서나 편지를 쓸 때는 주의를 필요로 한다. 그러나 다행스러운 건 그것을 쓰는 과정에서 몇 차례 수정이 가능하다는 것이다.

그렇지만 대화는 그렇지 않다. 한번 내뱉은 말은 주워 담을 수 없다. 그러니 일상의 대화에서도 큰 주의가 요구된다.

인생을 많이 살아본 사람들은 상대방의 혀에서 그 사람의 모든 것을 파악해 낸다. 심지어 영혼의 혈맥까지 찾아낸다.

고대 철학자 소크라테스는 이렇게 말한 바 있다.

"그래, 어서 말해보라. 네가 말하는 순간, 나는 너를 다 볼 것이다."

어떤 이들은 대화에 무슨 기술이 필요하냐고 말하기도 한다.

마치 헐렁한 옷처럼 느슨하고 편안하면 된다고 말한다. 물론 허물없는 친한 사이라면 그럴 수도 있다.

그러나 세상 사람들은 모두 당신과 친한 사이가 아니다. 경쟁자도 있을 수 있고 또한 당신의 약점만을 찾아내려고 혈안이 된 사악한 이도 있다.

그러니 대화를 할 때는 신중해야 하며 말하고자 하는 내용을 정확히 전해야 한다. 그리고 때론 상대방의 기분도 잘 읽고 상황에 맞는 말을 건네야 한다. 아울러 기억하라.

말을 많이 하기보다는 사려 깊고 분별 있는 말이 더 중요함을.

10

기다리지 말고
먼저 손을 내밀어야 한다

친구가 많다고 다 좋은 것은 아니다. 당신은 여태 살아오면서 행운과 불행을 겪었을 것이다. 그러는 과정에서 당신을 믿고 당신에게 힘이 되어준 친구가 있다. 그 사람만이 진정한 친구이다.

사람들은 진정한 친구를 곁에 두고 싶어 한다. 그렇다면 진정한 친구를 어떻게 당신 곁에 둘 수 있을까? 당신 스스로 진정한 친구를 발굴하고 유지하고 지켜야 한다. 다시 말해, 당신 스스로 친구를 선택해야 한다는 것이다. 좋은 선택을 하기 위해서는 마음뿐만이 아닌 통찰의 눈으로 봐야 한다.

시간을 때우고 가볍게 놀 수 있는 친구는 대부분 우연히 생긴다. 노력 없이 생기는 친구는 그리 오래가지 않는다. 또한 당신을 평가하려는 자들에게 당신의 약점을 보여주는 꼴이 된다. 당신이 만나고 함께 지내는 친구들에 의해 당신이 평가되기 때문이다.

현명한 자는 현명한 자를 사귀게 되고 무지한 자는 무지한 자를 사귀게 된다.

그리고 당신이 어떤 사람에게 끌린다 해서 그것을 우정으로 착각해선 안 된다. 이런 감정은 그 사람을 신뢰한다기보다는 그와 잠시 함께 즐거움을 나누기 위해 생기는 순간적인 감정일 수도 있다.

순간이 아닌 영원을 함께할 친구를 선택하라.

우정에는 진실한 우정과 진실하지 못한 우정이 있다. 진실한 우정은 자신의 생각과 행동을 함께 나누며 아름다운 결심을 맺는 반면 진실하지 못한 우정은 불행을 몰고 온다.

통찰의 눈으로 사람을 보고 그 사람이 내 영혼과 바꿀 수 있다 판단되면 과감히 선택하고 모든 것을 줘라.

진정한 친구 한 명은 수많은 사람의 호의보다 더 쓸모가 있고 가치가 있다. 그러니 친구의 선택은 우연에 맡기지 말고 당신 스스로 선택하라.

자기를 찍는 도끼에도 향을 묻히는 향나무처럼

남자와 여자는
둘이 될 수 없다

남자만이 존재하는 세계, 그리고 남자가 없는 여자만의 세계가 존재할 수 있을까?

인간의 조화란 남자와 여자가 적절하게 섞여 있어야 함을 말한다. 그게 자연스럽고 아름답다. 그러나 인위적인 방법으로 남자와 여자가 분리되어 사는 세계도 존재한다. 바로 감옥이나 수도원 같은 곳이다. 그런 곳에서는 남자는 남자들끼리 생활하고 여자는 여자들끼리 생활한다.

남자와 여자가 거리를 두고 있다고 해서 이성에 대한 생각마저 거리를 둘 순 없다. 그곳에 있는 남자와 여자는 어떤 식으로든 이성에게 관심을 갖게 되고 때론 애타게 그리워할 것이다. 또한 남자와 여자가 함께하지 못한다는 사실을 부자연스럽게 느낄 것이다.

요즘은 부부임에도 서로의 사랑을 확인하지 않는 경우가 많다고 한다. 또한, 홀로 사는 독신자가 무척 많은 편이다. 그러나 이들 역시 이성에 관한 관심과 그리움은 있기 마련이다. 모든 인간은 자기와 다른 성을 가진 이를 늘 원하고 언제든지 한 쌍이 되고자 하는 잠재적 욕망이 있다.

자기를 찍는 도끼에도 향을 묻히는 향나무처럼

수학 공식처럼
계산적이지 않은 것이 있다

당신의 장점과 단점을 다 아는 사람이 있는가. 당신의 상처를 안아주고 당신의 미래를 믿어주는 사람이 있는가.

그런 사람이 있다면 분명 그는 당신이 밑바닥에서 허우적거릴 때 기꺼이 손을 내밀어 줄 것이고 또한 당신이 꼭대기에서 기뻐할 때 묵묵히 박수를 보내며 당신을 존경할 것이다. 그리고 그는 항상 당신의 내일이 오늘보다 더 나아지길 원한다.

당신이 어떤 일을 선택했을 때, 왜 선택했느냐며 따지지도 않고 당신의 약점보다 당신에게 더 많은 장점이 있다는 것을 믿고 당신의 실수보다 당신에게 더 많은 가능성이 있다는 것을 믿는다.

그는 당신과 함께 이미 지나간 것을 바라보는 게 아니라 앞으로 다가올 미래를 바라보며 상호 신뢰를 최고의 가치로 생각한다.

그는 당신의 거짓말에도 때론 눈감아 주고 그 거짓말 위에도 기꺼이 믿음이라는 훌륭한 건축물을 세운다.

그는 자신의 재산을 당신에게 맡기기도 하고 자신의 꿈마저도 당신에게 빌려준다. 그러고도 전혀 걱정하지 않는다.

당신은 그를 가졌는가? 아니, 당신은 누군가에게 그런 사람인가?

우정은 수학 공식처럼 계산적이지 않으며 설명이 필요치 않으며 용서를 구하지도 않는다.

우정은 파도가 바위를 조각하듯 오랜 시간을 통해 만들어지는 수도 있고 해와 달이 바뀌는 하룻밤 사이에 생길 수도 있다. 서로의 진실이 통한다면 한순간에 만나서 영원까지 굳게 이어갈 수도 있다.

우정은 때론 산산이 조각난 삶의 파편에서 아름답게 꽃이 피기도 하고 내일에 대한 희망과 환희 위에서 자라날 수도 있다.

우정은 다른 곳에 있어도 늘 같은 방향을 바라보는 것이고 친구가 무엇을 하고 무슨 생각을 하는지 감시하거나 의심하지 않는 것을 의미한다.

우정은 당신이 삶을 누리기를 원하고 당신의 발전을 보고 기뻐하며 당신이 삶의 목표를 성취할 수 있도록 때론 자신의 손과 발과 마음까지도 기꺼이 내어준다.

그리고 무엇보다도 늘 당신의 친구임을 자랑스럽게 생각하고 후회하지 않는다.

13

사람을 알기란
참으로 어려운 일이다

이 세상에는 당신이 모르는 수많은 사람이 존재한다. 반면 당신과 인연을 맺은 사람들도 존재한다. 당신이 모르는 사람들은 어쩔 수 없다지만 당신과 관계있는 사람들은 유심히 살펴야 한다.

다시 말해서 그들의 마음을 파악하라는 것이다. 그들이 품고 있는 생각과 뜻 말이다. 원인을 알아야 결과를 예측할 수 있으므로 정확한 통찰력으로 그들의 행동과 말과 습관을 잘 파악하라.

평소 마음이 우울한 자는 언젠가는 불행한 일을 저지르고 만다. 또한 마음이 악한 자는 범죄를 저지를 수도 있다. 반면 지나치게 꿈을 좇는 사람은 현실감각이 뒤떨어져 실제와 동떨어진 이상한 말만을 되풀이한다. 또한 그들이 대개 입을 통해 말하는 것은 이성이 변질한 열정이다.

시도 때도 없이 웃는 자는 바보이며 절대 웃지 않는 자는 마음이 어둡고 음흉한 자임을 알라.

그리고 질문을 너무 자주 하는 자는 당신에게 어떤 비밀을 캐려는 염탐꾼이거나 아니면 경솔한 자이다.

지저분하고 추한 얼굴을 하는 사람은 게으른 사람이거나 세상에 대한 불만이 많은 사람이며 복수심이 가득한 사람이다. 참고하기 바란다. 당신과 인연을 맺는 사람을 하나에서 열까지 모두 의심의 눈초리로 봐서는 안 된다. 또한 지나친 경계심 때문에 사람들을 피하거나 두려워해서도 안 된다.

사람을 알기란 참으로 어렵다. 사람에 대한 평가의 기준은 정해져 있지 않다. 그러니 어쩔 수 없다. 오직 당신의 통찰력을 믿을 수밖에.

자기를 찍는 도끼에도 향을 묻히는 향나무처럼

몇 걸음 물러난 후
행동해야 한다

상대방에 대한 신뢰가 확인되었다면 무슨 일이 있어도 그를 믿어야 한다. 그러나 신뢰가 확인되지 않는 사람이라면 쉽게 믿지 말고 또한 쉽게 사랑하지도 말라.

상호 신뢰는 오랜 시간에 걸쳐 서서히 굳어져 가는 믿음에서 나타난다. 따라서 남을 속이기 위한 달콤한 말을 경계해야 한다. 남을 속이는 말은 비열한 짓이다.

그렇다고 상대방의 말이 거짓말이라고 해서 그 자리에서 상대방에게 표현하면 곤란하다.

그를 당장 사기꾼으로 모는 것은 그에게 수치심뿐만 아니라 분노를 일으키게 하며 자칫 최악의 상황이 발생할 수 있다. 그러니 상대방의 말을 믿을 수 없다고 당장 거짓말쟁이로 모는 것은 현명한 방법이 아니다.

만약 그 자리에서 그에게 면박을 줬다면 속이는 자와 믿을 수 없는 자 모두 재앙을 겪게 된다.

의심하는 마음을 들키지 말고 최소한의 호의를 베풀어라. 말뿐만 아니라 행동으로. 그러면 그 자리에서 불상사는 일어나지 않을 것이다. 그리고 당장 그 사람에 관해 판단을 내리지 말고 유보하라. 그리고 확신이 선 다음에 말하라. 그래도 늦지 않다.

15

남김없이 주는 사랑만이
진짜 사랑이다

마음속에는 100의 사랑이 있다고 하자.

그런데 50의 사랑은 그대로 남겨둔 채 50의 사랑만을 주었다고 하자. 그러면 그걸 사랑이라고 말할 수 있을까?

단언하건대 반쯤 준 사랑은 사랑이라고 말할 수 없다. 아울러 무엇을 바라고 주는 사랑, 즉 조건부로 준 사랑도 사랑이라고 말할 수 없다. 사랑은 다 줘야 한다. 하나도 남김없이.

100으로 충만된 사랑은 모든 위대함과 성취를 가능하게 만든다. 그렇기 때문에 전부를 주든지 아니면 아예 사랑하지 말라.

완전히 주지 못하는 사랑, 즉 사랑의 결핍은 미움과 질투와 낙심과 패배를 가져온다. 설령 반만 준 사랑 때문에 이득을 얻었다고 해도 그건 진짜 승리가 아니다.

당신의 사랑은 당신의 행동과 미래를 결정한다. 당신이 100의 사랑을 아낌없이 바쳤을 때 그 사랑은 당신을 승자로 만들어준다.

사랑을 베풀어라. 줄 수 있는 한 모두를 줘라.

이 세상에는 사랑을 원하는 자로 가득 차 있다. 특히 쓰러지고 병이 든 육체를 가진 자들은 불안감에 휩싸여 하루하루를 살고 있다.

그들이 어떻게 해야 나을지는 정확히 모르겠지만 사랑이 탁월한 치료제임은 분명하다. 생각만으로 낫게 할 수는 없다. 상처 입은 가슴과 상처 입은 영혼을 위해 사랑과 관심을 줘라. 그게 세상에 대한 배려이고 최소한의 예의다.

자기를 찍는 도끼에도 향을 묻히는 향나무처럼

어른이 된다는 건
하나하나 배운다는 것이다

어른이 된다는 건 무얼까?

어른이 되는 건 바른 길로 가는 것이고 바른 삶을 사는 것이다.

진정한 어른이 되기 위해 다음과 같이 행하라.

보다 더 많은 지식을 가진 사람들과 자주 얘기를 나눠라. 또한 공원길을 산책하거나 산을 등반할 때 숨만 헐떡거리지 말고 생각하며 걷는 것을 익혀라.

아울러 옛것을 업신여기지 말고 그것을 숭상하고 책 속에서 지식을 발견하고 책을 통해 마음을 풍요롭게 하는 법을 배워라. 책은 가장 가까운 친구이며 교양 있는 어른으로 만들어주는 인도자다.

또한 잔꾀를 부리기보다는 정직으로 사람을 대하고 현명한 판단을 내릴 줄 아는 사람이 되어라.

말 한마디도 생각하고 또 생각한 후에 내뱉고 편안하지만 엄숙하며 예의 바르게 행동하여 어른다운 참모습을 보여라.

이와 더불어 모든 것에 신중하고 집중력을 발휘해야 하며 겉모습의 크기보다는 그 속에 담고 있는 의미를 발견할 줄 알아야 한다. 또한 다양한 사고를 할 줄 알아야 한다.

고대 그리스 수학자인 유클리드는 이렇게 말한 바 있다.

"어린아이는 점과 같고 십 대는 선과 같고 젊은이는 면과 같다. 그리고 어른에게는 깊이와 중심이 있다."

아이처럼 한 방향만 보지 말고 앞과 뒤와 옆도 볼 줄 아는 유연한 사고를 해야 한다.

이처럼 진정한 어른이 된다는 건 쉬운 일이 아니다. 그렇다고 불가능한 일도 아니다.

이제까지 나열했던 모든 것을 다 실천해서 진정한 어른이 되기 바라며 궁극적으로는 남들에게 존경받는 참인간이 되기 바란다.

자기를 찍는 도끼에도 향을 묻히는 향나무처럼

최고 슬픔은
사랑받지 못하는 것이다

얼굴이 어둡고 쉽게 짜증을 내고 해야 할 일을 미루거나 모든 것에 의욕이 부족하다면 그 원인을 타인으로부터 사랑을 받지 못한 것에서 찾을 수 있다.

타인으로부터 사랑을 받지 못하는 이유는 여러 가지가 있을 것이다.

남들에게 이기적인 모습만 보였다든가 아니면 스스로 타인의 사랑을 거부하는 것이다. '나는 누구의 사랑도 받을 자격도 없는 쓸모없는 인간이야. 하찮은 인간이야'라고 생각하는 사람도 있다.

이러한 사람은 어려서 다른 아이들에 비해 턱없이 사랑을 적게 받았거나 아예 사랑받았던 일이 없었던 게 분명하다. 어린 시절, 사랑 없이 자란 것이 자신을 잃게 한 것이다.

타인의 사랑을 못 받는 사람은 여러 가지 태도를 보이게 된다. 일단 타인으로부터 사랑을 받기 위해 노력한다. 그러나 그 노력이 자칫 거짓된 행동으로 보일 때가 있다.

유달리 남들에게 친절하다면 그건 분명 실패하고 만다. 지나친 친절의 동기를 상대방이 금방 알아보기 때문이다. 또한 친절한 행동으로 사랑을 잠깐 얻을 수 있지만 그 사랑이 진심이 담긴 사랑은 아니다.

얕은 사랑으로 큰 사랑을 얻으려는 계략에 스스로 발목을 잡혀 인간의 배신을 경험하게 될 수도 있고 그 때문에 사랑 자체에 환멸을 느낄 수도 있다.

타인의 사랑을 받기 위해선 다른 방법이 없다. 먼저 누군가를 진심으로 사랑하는 수밖에. 그게 정답이다.

18

보호만이
사랑의 전부는 아니다

애정이 누구든지 다 진취적인 사람으로 만드는 건 아니다. 때론 애정 때문에 그 사람을 더 작고 나약하게 만들 수도 있다. 씩씩해지는 게 아니라 오히려 겁쟁이가 될 수도 있다는 얘기다.

그러니 사랑을 주려거든 특히, 그 사람의 안전만을 바라지 말고 오히려 과감하고 위대해지기를 바라야 한다. 그렇다고 안전에 대해 무관심하라는 얘기는 아니다.

담대하지 않고 겁이 많은 사람은 자기가 사랑을 주려는 대상의 몸에 불행이 닥치지나 않을까, 밤낮으로 걱정한다.

그러면 결국은 그 사람의 마음속에도 자기와 똑같은 겁을 심어주는 꼴이다. 그리고 자기 옆이 아니면 안전하지 못한 위험한 곳임을 은연중에 주입해 온실에서 자란 꽃처럼 연약한 존재로 만드는 것과 같다.

또한 사랑하는 사람에 대한 지나친 소유욕은 그 사람이 세상에 맞서 싸울 능력을 길러주기보다는 자기에게 의존하기를 바란다. 그로 인해 그는 혼자서 해낼 수 있는 게 하나도 없게 된다. 이런 사랑이라면 차라리 사랑을 받지 않는 것만도 못하다.

그렇다면 그 사람을 어떻게 사랑해야 하는 걸까?

물론 정의를 내리기란 어렵다. 사랑이라는 단어 안에는 분명 보호라는 요소가 담겨 있기 때문이다. 그의 아픔에 대해 무관심할 수가 없다. 그러나 유의할 점은 그의 아픔에 대한 위로로만 그쳐야 한다는 것이다. 그 이상의 애정을 보여선 안 된다. 지나친 애정이 아니라 때론 거리를 두고 지켜봐 주는 애정, 그게 필요하다. 때론 작은 역할의 애정이 더 큰 역할을 해내기도 한다.

19

모든 여자에게는
유혹의 힘이 있다

모든 여자에게는 향기가 있다.

그 향기를 다른 말로 하면 매력 또는 유혹이다.

젊은 남자이건 늙은 남자이건 나이에 상관없이 모든 남자는 여자의 매력이나 유혹에 약하다.

또한 많이 배운 남자이건 성인이건 군인이건 왕이건 간에 여자에 관해 자신 있게 아는 사람은 없다. 따라서 남자는 쉽게 여자의 매력에 매혹당하고 유혹에 넘어간다.

여자의 미(美)는 언제 어디서나 남자의 눈 안으로 스며든다. 또한 여자의 달콤한 속삭임은 남자의 귀를 먹게 하여 남자의 욕망을 자극한다. 그래서 남자는 손을 뻗어 여자를 만지려 한다. 그리고 남자의 발은 여자를 찾아 헤매며 가슴은 여자를 얻지 못한 절망감으로 한숨을 내쉰다.

어쩌면 남자의 머릿속 대부분은 여자로 가득 차 있는지도 모른다.

물론 여자의 아름다움이 전제되어야 한다.

여자가 추하고 괴팍하게 생겼다면 그건 예외다. 오히려 그런 여자는 남자를 찾아 헤맨다. 여하튼 남자는 여자의 매력과 유혹에 쉽게 넘어간다. 또한 여자로부터 자유로운 남자 역시 이 세상에는 존재하지 않는다.

성찰의 무게

백 개의 절망을 한 개의 희망이 능히 이길지니

인간의 감정은 오묘하다. 비극적인 연극을 관람하더라도 일종의 기쁨을 느낀다. 카타르시스 말이다. 그러므로 인생이라는 넓은 무대에서 실제로 비극적인 일이 당신에게 생기더라도 괴로워하거나 슬퍼해선 안 된다.

01

한곳에 너무 오래 머물면 권태롭다

아무리 웅변술이 뛰어난 연설가라도 그 웅변이 너무나 길면 듣는 사람들은 지루해한다. 연설가 역시 얼마나 힘들까.

한 지역을 이끄는 영주나 한 나라를 지배하는 왕도 매일 권좌에 앉아 일을 본다면 심신이 많이 고단하고 삶이 권태로울 것이다.

그렇기 때문에 그들도 가끔은 오락을 즐기기도 하고 어떤 날은 사냥을 나가 자연과 호흡하기도 한다. 또한 백성들과 만나 그들의 얘기를 듣기도 하고 자신의 위상을 널리 알리기도 한다.

이처럼 무엇이나 오래 계속되면 지루함을 느끼고 권태로움에 빠지기 마련이다. 지금의 소중함을 느끼기 원한다면, 또한 더 발전된 나를 기대한다면 지금 머물고 있는 곳을 과감히 떠나야 한다. 그렇다고 완전히 떠나서 돌아오지 말라는 게 아니다.

자연의 순환처럼 하면 된다. 추위가 오래되면 따스함이 찾아오고 더위가 이어지면 시원함이 찾아오듯 '갔다가 다시 돌아오는' 자연의 순환을 배워야 한다.

변치 않고 하나만 지속하는 단조로운 삶, 그건 정지된 것과 다를 바 없다. 이제 낯선 곳에서 새로운 나를 만나라.

02

백 개의 절망을 한 개의 희망이 능히 이길지니

얻으려는 자는
잃을 것이다

처음에는 부(富)를 원한다.

그다음에는 건강을 원한다. 그다음에는 안락한 삶을 원한다. 그리고 이 세상 모든 것을 다 가진 다음에는 마지막으로 명예를 원한다. 이처럼 인간의 욕심은 시간이 갈수록 늘어난다.

남들보다 자기가 우월하다고 착각하는 사람들은 하나같이 명예를 중요시한다. 돈으로 살 수 없는 게 명예이다 보니 세상 사람들에게 존경받지 못하면 그들은 답답해하고 분노를 느낀다.

그래서 세상 사람들을 미워하고 증오한다. 그러나 그들은 멈추지 않는다. 어떻게든 명예를 얻고자 온갖 방법을 다 동원한다. 마음에도 없는 너그러움으로 세상 사람들의 마음을 얻기도 하고 거짓된 웃음으로 자신을 아름답게 포장하기도 한다. 또한 인간을 매우 경멸하고 인간을 짐승처럼 취급했던 기억을 잠시 잊고 인간이야말로 최고의 존재임을 외치고 다닌다.

　결국 그들은 명예를 얻는다. 그러나 그들은 결국 인생 전부를 잃고 만다.

어느 날 왕이 한 신하에게 물었다.
"왜 그대는 필요한 것이 많은데도 불구하고
나에게 도움을 청하지 않는 것인가?"
그 말을 들은 신하가 말했다.
"저는 폐하보다 더 부자이기 때문에 도움을 청하지 않아도 충분합니다."
왕은 놀라 물었다.
"어떻게 너는 나보다 더 부자라고 생각하느냐?"
"네. 저는 지금 제가 가진 것에 완벽하게 만족하기 때문입니다."

-가비론

03

백 개의 절망을 한 개의 희망이 능히 이길지니

선과 악을
혼동해서는 안 된다

악은 범하기 쉽다. 그 때문인지는 몰라도 악은 이 세상에 무수히 많다. 그러나 선은 조금밖에 존재하지 않는다.

그래서 선을 행하기가 그만큼 어려운지도 모른다.

그런데 악 중에는 선처럼 찾기 어려운 악이 있다.

그래서 간혹 사람들은 그 악이 선이 아닌가, 하고 착각을 할 때도 있다.

악은 악이다. 결코 선이 될 수 있다. 그렇기 때문에 우리는 선에 이르는 것도 중요하지만 선과 악을 구별할 수 있는 분별력도 필요하다.

04

실수는
자연스러운 일이다

어떤 사람의 행동이 잘못되었다고 판단되었을 때, 그를 꾸짖기 전에 이렇게 자문해 보라.

'과연, 내가 무슨 근거로 그의 행동이 잘못됐다고 판단할 수 있을까?'

설사 그의 잘못이 명백하더라고 꾸짖지 말고 한 걸음 물러나라. 그는 이미 자신의 잘못 때문에 많이 괴로워하며 자책하고 있고 충분히 스스로 형벌을 내리고 있을 것이다.

그리고 사람은 누구나 크고 작은 실수를 한다. 실수하지 말라고 강요할 수도 없는 노릇이다. 두 번 다시 실수하면 용서하지 않겠다고 말하는 것은 어쩌면 갓난아이에게 울지 말라고 하는 것과 같다.

실수는 인간의 본성이다. 본성에 따르는 것이 가장 자연스럽다. 잘못하거나 실수를 한다고 해서 그 사람에게 바로 화를 낸다면 우선 당신의 성격부터 고쳐야 한다.

오래전부터
달라졌어야 했다

당신은 완벽하지 않다. 당신은 특별하지 않다.

그렇기 때문에 당신에게는 남들이 감탄할 정도의 뛰어난 재능이 없을 수도 있다. 그렇다고 한탄하지 마라.

분명 당신에게는 아직 표출되지 않은 다른 장점이 있을 수도 있다.

당신의 마음속을 들여다보라. 보이는가?

성실, 자유, 인내, 자비심, 고매함으로 가득 차 있지 않은가.

당신이 맘만 먹으면 당신만의 장점을 충분히 발휘할 수 있다. 당신은 원래 그런 장점을 타고났다. 그런 놀라운 힘을 갖고 있다. 굳이 부정할 수 없는 사실이다.

그럼에도 불구하고 당신은 자신의 놀라운 힘을 믿지 못하고 의심한다. 그래서 늘 부족하다고 불평하고 남에게 비굴하게 굽실거리고 자기 단점만 찾아내고 부질없는 명성에 자존심을 버리고 미래에 대한 불안으로 떨고 있다.

그것은 결코 인간답게 사는 게 아니다. 아니, 당신답게 사는 게 아니다. 당신은 이미 오래전부터 달려졌어야 한다.

자신 없는 생활에서 해방되어야만 했다. 현명한 이성 판단에 따라 살아가겠다고 결심한다면 그러한 생활은 언제라도 간단하게 정리될 수 있다.

이러한 진리를 당신은 이미 알고 있다. 그럼에도 불구하고 나태하고 안이하고 변화 없는 생활을 지속한다면 그것보다 더 어리석고 나쁜 것은 없디.

06

지친 육체와 영혼으로는
아무 일도 못 한다

불행한 사람들을 보면 하나같이 피곤함을 호소한다. 육체의 피곤뿐만 아니라 정신적인 피곤까지도.

불행이 사람을 피곤하게 만들었는지 피곤이 사람을 불행하게 만들었는지는 알 수 없지만 여하튼 심신이 피곤하면 일상 모든 일에 도무지 흥미를 느낄 수 없다.

외부에 대한 흥미가 없으면 행동을 유발하지 않는다. 그래서 깊이 생각하지 않고 즉흥적으로 판단한다. 조급한 판단은 피로감을 더욱 가중시킨다.

그 결과, 우리 마음은 사사건건이 불안의 재료가 되고 아무리 편안한 시간에도 편히 쉴 수가 없다. 잠을 자는 시간마저도 편할 수 없다.

하루하루가 흥분되고 마음의 평화로움을 잊게 되고 조화로운 감정이 상실될 것이다.

피로는 모든 병의 근원이며 또한 결과이다.

피곤해지면 좋지 않은 일이 계속 이어진다. 그런 악순환 탓에 인생이, 영혼이 파탄으로 끝난다.

그러니 피곤을 다스려야 한다. 피곤을 없애려면 강한 체력을 단련시키는 것은 기본이고, 더 중대한 일은 쓸데없는 생각의 끈을 놓아야 하는 것이다.

하루의 일이 끝나면 깨끗이 그걸 잊어버릴 수 있어야 한다. 그러는 사람은 두고두고 걱정하는 사람보다 일의 능률이 높다 당연히 피도삼노 널 수 있다. 또한 여러 가지 흥밋거리나 취미를 가지고 있어야 한다. 일 외에 여러 가지 흥밋거리나 취미가 있는 사람들은 고민거리를 더 쉽게 잊어버릴 수가 있다.

운동 경기를 구경하거나 춤을 추고 골프를 치는 것은 이러한 관점에서 보면 비난받을 일이 아니다. 또한 독서도 좋을 것이다. 여하튼 피곤은 과도한 집중력으로 일하거나 골똘히 한 가지 일에 대해 생각하기 때문에 일어나는 것이다.

강물처럼 일도 고민도 잠시 흘려보내라. 그러면 몸과 마음의 피로감이 사라지고 깃털처럼 가벼워질 것이다.

백 개의 절망을 한 개의 희망이 능히 이길지니

자기가 만든 강에서
허우적거리지 마라

이 세상에 영원한 것은 없다. 자연도 영원할 것 같지만 그렇지 않다. 인간이 자연을 훼손하는 순간, 자연은 영영 사라지고 만다. 또한 변하지 않을 것 같은 진리나 이론도 시간에 맞물려 돌아가다 보면 퇴색하고 변질된다.

행복 또한 그렇다.

행복에 겨운 나날이 오래도록 지속되진 않는다. 더 이상의 행복을 용납하지 않는 여의치 못한 사건이 늘 발생하기 마련이다.

아무리 서로 사랑을 한다고 해도 남자와 여자가 함께 지내다 보면 말다툼을 하게 된다. 또한 부모가 되면 자식의 미래나 건강 때문에 고민에 휩싸이게 된다. 하루아침에 직장을 잃은 사람은 미래에 대한 두려움으로 절망에 빠지게 된다.

인생을 살다 보면 한순간에 행복이 불행으로 바뀌게 된다. 불행 앞에 놓인 우리는 어떤 마음의 자세를 취해야 할까?

'왜 나에게 이런 일이 일어났을까?' 하고 한탄할 필요는 없다. 누구에게나 찾아오는 일이고 다만 당신에게 왔을 뿐이다. 당신이 행복했던 그 순간에는 그 누군가가 불행을 겪고 있었다.

이런 때, 너무나 깊은 고민에 휩싸이지 마라. 고민의 원인 이외의 일에 흥미를 느껴라. 그런 능력을 갖췄다면 이보다 더한 고마운 일이 없다. 걱정해 봤자, 사실 별수가 안 생긴다.

그 시간에 친구와 수다를 떨며 바둑을 두거나, 또는 아주 통속적인 소설을 읽으며 웃어라. 또는 천문학에 재미를 붙이고 밤하늘의 별을 보며 마음을 달래라. 그게 상책이다. 다른 곳으로 마음을 돌리지 않고 고민의 강에 빠져, 지난 행복만을 추억한다면 그건 어리석은 짓이다. 그리고 한때 행복했던 과거에 머문 자는 다시 또 찾아온 행복의 기회를 잡을 수 없는 사람이다. 버리는 순간, 얻는 것이다.

08

목적 없이 항해하는 배는 무의미하다

인생에서 목적의식을 갖는다는 건 아주 중요한 일이다. 목적이 없다는 건 무의미한 일이며 지금 내가 왜 사는지, 왜 웃는지, 왜 말하는지도 모르는 바보이다.

아무리 95% 완벽에 달하는 사람이라도 목적이 없다면 그건 조타기 없는 선박과 같다. '언젠가는 항구에 도달하겠지'라는 막연하고 보이지 않는 희망만을 품고 바람 따라 파도 따라 흐르는 대로 표류하는 것과 다를 바 없다.

이러한 선박의 최후는 어떻게 될까?

안 봐도 뻔하다. 대개 바위에 부딪히거나 큰 파도에 휩쓸려 결국 침몰하고 만다.

이 선박이 안전하게 항구에 도달하기 위해선 나머지 5%, 즉 5%의 목적의식이 있어야 한다. 목적지를 결정해서 거기에 이르는 최선의 항로를 점검하고 파도나 바람을 극복할 수 있는 항해술도 익혀야 한다.

목적의식이 있는 선박은 다르다. 추진력이 생긴다. 그리하여 조타기가 없는 선박이 평생 항해하는 거리 이상을 이 선박은 단 2, 3년만이면 도달할 수 있다. 또한 이 선박은 항해에 오래 걸리지 않고 다른 목적지를 향해 출발한다.

이미 알고 있다. 다음 기항지가 어디인지.

또한 지금 자신의 위치가 어디쯤이고 얼마나 더 가야 목적지에 도달할 수 있는지도 안다. 아울러 항해 도중에 폭풍우를 만나더라도 전혀 놀라거나 당황하지 않는다. 묵묵히 자기가 맡은 일, 자기가 반드시 해내야 할 일에만 전념한다. 열심히 하다 보면 폭풍우도 걷히고 어느새 목적지에 성큼 다가와 있다는 걸 안다.

인생에서 승리할 다른 방법은 없다. 출발점에 섰을 때, 목적과 목표가 있어야 한다.

어떤 삶을 살지, 어떤 인간이 될지 최후까지 내가 지켜야 할 것이 뭔지 그리고 이 세상을 떠날 때 남길 것이 뭔지를 정한다면 그의 인생은 승리하는 삶을 사는 것이고 모든 것이 그의 뜻대로 될 것이다.

09

백 개의 절망을 한 개의 희망이 능히 이길지니

강한 의지력은
무엇이든 이겨낼 수 있다

정신적인 의지가 강한 사람은 자기 자신을 괴롭히지 않는다. 즉 무서운 상황 앞에서도 남들보다 공포심을 덜 느끼고 유혹 앞에서 욕망도 다스릴 수 있다. 쉽게 공포나 욕망에 동요되지 않는다.

공포심이나 욕망, 또는 협박 같은 것은 그저 관념일 뿐이다. 그것들을 몹쓸 상상력을 확장하여 스스로 그 두려움 안에 갇히지 않는 이상, 그것들은 당신에게 상해를 입히지 않는다. 강한 의지만 있다면 그것들은 문제가 되지 않는다.

만약 누군가가 당신의 의지를 협박하거나 괴롭힐 수 있다고 장담한다면 그냥 그렇게 하라고 내버려둬라. 당신이 강한 의지가 있는 한 절대로 나쁜 상태로 빠지지 않을 것이다.

76

스스로 결함을 만들어내지 않는 한 아무 일도 일어나지 않는다. 다시 말해서 영혼은 스스로 자신을 괴롭히거나 방해하지 않는다면 그 무엇 앞에서도 두려울 것도 없고 상처받을 일도 없다.

그러나 육체는 다르다. 작은 위험에도, 작은 공격에도 쉽게 손상을 입는다. 그러니 스스로 다치지 않게 조심해야 한다. 아무리 강한 의지를 갖췄다 해도 육체적인 고통을 감당할 수 없다. 혹여 육체적인 상처를 입었다면 참지만 말고 적극적으로 주위 사람에게 표현해라. 육체적인 상처는 혼자의 힘으로 치유할 수 없고 또한 타인의 사랑과 관심을 필요로 한다.

10

세상은 여전히
잘 돌아간다

당신에게 뜻하지 않은 불행이 닥쳐왔다고 치자. 그러면 분명 가슴 한구석이 뻥 뚫린 것처럼 아프고 괴로울 것이다.

그렇다고 무슨 소용인가! 세상 사람들은 당신의 불행 따위에 관심이 없다. 당신이 불행하다는 그 사실을 잘 모른다. 또한 그것을 알려고 하지도 않는다.

세상 사람들은 조금도 아랑곳하지 않고 여전히 출근하고 일을 하고 술을 마시고 웃고 즐기며 지쳐 잠이 든다.

명심하라. 당신이 슬퍼도, 당신이 괴로워해도 심지어 당신이 이 세상에서 사라진다고 해도 세상 사람들은 눈 하나 깜짝하지 않는다. 당신이 없는데도 세상은 여전히 잘 돌아간다.

이런 세상을 향해 당신은 한탄하며 욕을 하고 원망할지도 모른다. 그러나 당신의 과거를 생각해 보라. 당신은 여태 살면서 남의 불행에 얼마나 많은 관심을 기울였는지를.

어쩌면 세상은 따뜻했는지 모른다. 다만 그동안 당신의 마음만 차가웠는지도.

덤으로 얻은
인생이라고 생각하라

사는 것이 팍팍하고 힘겨울 때 당신 자신을 스스로 죽여라. 머뭇거릴 필요도 없다. 지금 당장 죽여라.

물론 목숨을 끊으라는 말은 아니다. 죽었다고 생각하라는 것이다.

"그래 나는 오늘 죽었어. 오늘로써 나의 생은 마감되었어."

그리고 앞으로의 인생은 신께서 다시 한번 내게 기회를 준 삶이라고 생각하라. 특별히 베풀어준 덤 같은 인생 말이다. 그러면 과거보다 훨씬 더 열심히 살 수 있을 것이다.

두 번 얻은 인생, 얼마나 행복하고 즐거운 일인가!

백 개의 절망을 한 개의 희망이 능히 이길지니

인생학교에서
최고의 성적을 얻어라

사람들은 누구나 남의 보호나 속박에서 벗어나기를 원한다. 심지어 아이들도 마찬가지다.

처음에는 부모의 보호가 편안하고 심적으로 안정을 가져다주지만 조금 자라면 부모의 보호 밖으로 나가려 한다.

어른이 되면 더더욱 자유를 갈구한다. 규율로부터, 회사로부터, 도덕으로부터, 교회나 가족의 테두리부터 벗어나길 꿈꾼다. 그러나 자첫 자유가 잘못된 방향으로 흐를 수 있다.

공허감이나 야비한 향락욕, 또는 염세주의에 빠져 마침내 인생 자체가 파괴될 수 있다.

우리가 벗어나고자 발버둥 친 것들이 어쩌면 우리를 더 자유롭게 만드는지도 모른다. 자유가 주어진다고 해서 행복한 건 아니라는 것이다.

진정한 자유에 이르기 위해서는 자신을 옭아매는 것들로부터의 탈출이 아닌 먼저 자신으로부터의 자유, 마음으로부터의 자유를 느껴야 한다.

그런 자유만이 진정으로 행복을 가져다줄 수 있다. 아울러 남의 복지를 위해 자기를 헌신한다면 더 큰 자유를 얻을 수 있을 것이다.

나로부터 자유, 타인에게 봉사.

이것이야말로 인생학교에서 얻을 수 있는 최상의 성적이며 인간의 진정한 도리이다.

13

마음의 주인이 되도록
노력해야 한다

마음의 중심이 흔들리면 인생이 흔들리고 미래가 흔들리고 상처를 받게 된다.

이 세상 사람들이 당신에게 욕을 퍼붓고 야수들이 당신의 육체를 갈기갈기 찢고 짓밟아도 마음의 중심을 잡고 절대로 평온과 침착함을 잊지 마라.

비록 세상 모든 것이 당신의 적이라 할지라도 당신이 마음의 중심을 잡고 있는 한 주변의 모든 사물에 대해 올바른 판단을 내리고 존재하는 것을 잘 이용하려는 당신의 의지는 그 누구도 방해할 수 없다.

그러므로 세상 사람들이 당신을 어떻게 생각하든 개의치 마라. 당

신이 간직하고 있는 정의가 변치 않는다면 당신의 본질은 절대 변하지 않는다.

그리고 지금의 난관에 대해 너무 비관하지 마라. 현재 일어나는 모든 일은 당신의 의지를 시험할 좋은 기회라고 생각하라. 아울러 당신이 겪고 있는 이 모든 일은 그 누군가가 이미 겪은 일이기도 하다.

모든 것은 하늘의 주관으로 일어나는 것이기에, 전혀 새로운 것도, 극복하기 힘든 것도 아니다.

14

아무것도 존재하지 않는 그게
순수한 진실이다

사람들은 이 세상에 개개의 사물을 둘로 나눠 생각한다. 하나는 진실이고 다른 하나는 허위이다.

그러나 순수한 진실은 그 어떤 것에도 속하지 않는다. 순수한 진리는 순백의 눈이며 순수한 얼음이며 완전한 진리이다.

우리는 우리가 아는 진실을 순수한 진실로 착각하고 있다. 순수한 진실은 어쩌면 아예 존재하지 않는, 투명에 가까운 무(無)인지도 모른다. 그러므로 순수한 진실의 관점에서 본다면 진실 또한 허위이고 진실은 하나도 없는 셈이다.

살인이 악이라고 우리는 말한다.

그걸 진실로 믿고 있다. 살인의 잔인성을 잘 알고 있기 때문이다.

그렇다면 살인을 하지 않는 것이 선이라고 말할 수 있을까? 아니다. 선은 또 다른 차원의 문제다.

여하튼 우리는 진실과 허위가 혼합된 세상에 살고 있다. 악과 선이 혼합된 세상에 살고 있다. 그래서 간혹 진실이 뭔지 허위가 뭔지 악이 뭔지 선이 뭔지 잘 모를 때도 있다.

15

백 개의 절망을 한 개의 희망이 능히 이길지니

잘게 분리해서 생각하면
유혹을 이긴다

유혹에 빠지는 일이 종종 있다.

예를 들자면, 오늘까지 마쳐야 할 일이 있는데 친구가 춤을 추러 가자며 유혹을 하는 경우 일을 내팽개치고 무도장에 간다든지, 아니면 의사 선생님으로부터 충분한 휴식을 처방받았는데 축구공을 보는 순간 몸도 성하지 않은데 축구를 한다든지 등등 하지 말아야 할 것을 하는 경우가 있다. 아울러 도박, 이성, 범죄 등의 나쁜 유혹에도 쉽게 빠지곤 한다. 유혹에 빠지고 나면 순식간에 삶은 나락으로 떨어지고 만다. 그러니 유혹에 빠지지 않도록 해야 한다. 그렇다면 유혹을 피하는 방법은 뭘까?

바로 조각조각 분리해서 생각하는 것이다.

만약 노래가 당신을 유혹한다면 이렇게 하라. 노래의 화음을 개별적으로 분리해 놓고 "과연 이런 음표들이 나를 매혹할 수 있을까?" 하고 자문해 보라.

또 만약 화투가 당신을 유혹한다면 화투 한 장 한 장을 분리해서 생각하라.

"이런 이상한 그림들이 감히 날 유혹한다고?"

이 방법을 당신을 유혹하는 모든 것에 적용해 보라. 분명 효과가 있을 것이다. 결국 당신은 당신을 유혹하는 것들을 경멸하고 하찮게 여길 것이다.

명심하라. 무언가가 당신을 유혹한다면 그 무언가의 본질을 분리하라. 그러면 유혹을 극복할 수 있고 당신은 인생의 참다운 지혜를 터득할 수 있을 것이다.

16

슬프다면 그럴 만한 이유가 있다

처음 연극은 이 세상에서 일어나는 슬픔이나 상처 등의 비극적인 사건들을 사람에게 알려주고 상기시키기 위한 수단으로 무대에서 상연되었다.

그런 연극을 보며 사람들은 불행은 봄이 가면 여름이 오고 여름이 가면 가을이 오는 자연의 법칙처럼 필연적인 사건임을 깨달았다.

인간의 감정은 오묘하다. 비극적인 연극을 관람하더라도 일종의 기쁨을 느낀다. 카타르시스 말이다. 그러므로 인생이라는 넓은 무대에서 실제로 비극적인 일이 당신에게 생기더라도 괴로워하거나 슬퍼해선 안 된다.

당신이 지금까지 관람했던 수많은 연극의 주인공들을 생각해 보

라. 그들은 하나같이 피할 수 없는 비극적 숙명을 타고났음에도 자신의 삶에 충실하며 힘겹지만 자신의 운명을 잘 헤쳐나가지 않는가.

인생은 한 편의 비극이다. 그러나 비극 속에도 희열이 있고 기쁨이 있고 행복이 있다. 그것을 놓치지 않고 내 것으로 만들면 된다.

마지막으로 비극 작가들이 남긴 좋은 말을 가슴에 새겨라. 그리고 비극적인 상황이 찾아왔을 때마다 꺼내 읽어라.

"신께서 나를 외면하고 내 가족을 외면한다면 거기에는 반드시 그럴 만한 이유가 있을 것이다."

또 하나,

"어떤 일이 일어나도 너무 슬퍼하거나 괴로워하지 말자."

17

세상의 혼돈은
인간의 오만 때문이다

신은 이 세상을 완벽하게 또는 논리에 맞게 만들었다. 그러나 지금 이 세상은 완벽하지도 논리정연하지도 않다. 불완전하고 비상식적인 세상이다.

그 원인이 뭘까? 그건 바로 인간의 이기와 욕망이 이 세상을 혼돈에 빠뜨린 탓이다.

다시 말해서 신은 더는 손댈 필요 없이 완벽하게 세상을 만들었지만 인간이 완전해지고자, 욕망을 채우고자 도달할 수 없는 곳에 도달하기 위해 세상을 어지럽힌 것이다.

인간이 완벽해지기 위해선 스스로 불완전한 존재임을 인정해야 한다. 또한 혼자가 아니라 여럿이 힘을 합해야 완전할 수 있다는 것도 깨달아야 한다. 인간은 자신을 잘 알지 못하고 진리를 깨닫지 못한다.

눈을 뜬 후, 아침에 가장 먼저 해야 할 것은 식사하고 세수를 하고 출근 준비를 하는 게 아니라 바로 지식을 쌓고 자기 자신이 누구인지 깨닫는 것이다. 그래야 세상은 혼돈에서 벗어날 수 있고 신의 영역에 좀 더 가까워질 수 있다.

나뭇잎에게 물어보라.
"당신은 혼자서 살 수 있나요?"
그러면 나뭇잎은 대답할 것이다.
"아니요. 나의 삶은 가지에게 달려 있습니다."
가지에게 또 물어보라
그러면 가지는 또 이렇게 대답할 것이다.
"아니요. 나의 삶은 뿌리에게 달려 있습니다."
왜 모르고 있는가? 사람도 마찬가지라는 것을.
누구나 혼자서 살 수 없다. 누구나 함께 살아가는 것이다.

-해리 에머슨 포스딕

18

우주에서 가장 가치 있는
사람은 누구일까

스스로 거부하지 않는 삶을 살아라. 그러면 당신은 어려움 없이 당신이 원하는 것을 얻을 수 있고 이루고자 하는 것을 성취할 수 있을 것이다.

여기서 '거부하지 않는 삶'이란 별 뜻이 아니다. 바로 과거로부터 자유스럽고 미래는 자연의 섭리에 맡겨두고 경건한 마음으로 희망을 믿으며 무엇보다도 가장 중요한 현실에 충실하라는 것이다.

여기서 경건이란 당신에게 주어진 운명에 불평불만을 늘어놓지 말고 자신의 운명에 순응하며 개척하라는 것이다. 자연은 당신을 위해 존재하며 당신의 운명을 설계했다. 그러니 당신은 이 세상에 존재할 만한 가치가 있다.

현실에 충실하기 위해선 일단 세상과의 조화가 필요하다. 혼자서 살아갈 수 없기에 세상 일부가 되어야 한다.

언제나 솔직하고 공정하며 거짓 없는 진리를 말하고 자신만의 특권을 내세우기 전에 남의 권리를 인정하고 존중해야 한다. 또한 다른 사람의 사악이나 악평에 동요되지 않아야 하며 껍데기에 불과한 육체에 사로잡혀 욕망의 늪에 빠져서는 안 된다.

욕망이라는 것은 당신이 이성적인 허점을 보이기만을 기다리는 사악한 것이다.

그리고 먼 훗날, 당신에게 죽음의 순간이 다가올 때, 오직 당신의 이성만을 존중하며 그 밖의 모든 두려움이나 공포를 완전히 무시하라.

그리고 죽어야 한다는 사실 때문이 아니라 아직도 자연에 순응하는 삶을 시작하지 못한 안타까움으로 죽음을 받아들인다면, 당신은 우주에서 가치 있는 인간이 될 수 있다.

오이 앞에 부끄러운 사람은
되지 않아야 한다

쓴맛을 내는 오이가 있다면 그것을 버리면 그만이다. 길 한복판에 가시덤불이 있다면 그것을 피해 가거나 다른 사람을 위해 그것을 제거하면 된다.

그러나 입술을 내밀며 이렇게 말하는 사람들이 있다.

"이 세상에 어째서 저런 것들이 생겨났을까? 하나도 쓸모없는 것들!"

만약 당신이 이처럼 말했다면 당신은 세상의 이치를 깨닫고 자연의 섭리를 이해하는 자들로부터 비웃음은 물론이고 비난을 받을 것이다. 왜냐하면 그것은 마치 목공이 작업장에 톱밥이 어지럽게 널려있다고 불평을 쏟아내는 것과 같기 때문이다. 그런데 목공은 쓸모없는 것을 어디에 처리해야 할지를 알고 있다. 그러나 자연은 쓸모없는 것들을 처분할 공간이 여의치 않다.

그럼에도 불구하고 자연은 쓸모없는 것들을 아주 깨끗하게 처리할 뛰어난 능력을 지니고 있다. 즉 자연은 사물이 노쇠하거나 쓸모없어지면 그것을 기꺼이 품으며 다시 새로운 것을 만들기 위한 좋은 재료로 삼는다. 자연은 모든 것을 받아들이고 모든 것을 창조해 낸다.

그렇기 때문에 이 세상에 나온 모든 것들은 저마다 다 가치가 있다. 아울러 자연을 우리는 고마워하고 아껴야 하고 그 위대함을 인정해야 한다. 자연으로부터 나온 씨앗 한 톨도 바람 한 점도 무시하거나 얕잡아 보면 안 된다. 그것은 당신 자신을 스스로 부정하는 것과 같다. 어차피 당신도 자연의 일부이니까.

20

영원히 더럽혀지지 않는
마음의 샘을 갖자

영혼이 내적 분란과 외적 혼란으로 흔들리거나 시달려선 안 된다. 여기서 말하는 내적 분란이란 질투나 미움, 절망이나 낙담 등을 말한다. 그리고 외적 혼란이란 바쁜 생활을 통한 피로나 당신에 대한 타인들의 좋지 않은 평가, 실직 등을 말한다.

곧은 영혼을 간직하기 위해선 끊임없는 성찰과 노력과 인내가 필요하다. 누군가가 당신을 괴롭히고 저주하고 육체에 아픔을 가한다 해도 곧은 영혼이 있다면 그건 금방 지나가는 소나기와 같은 것이다.

예를 들어 사악한 사람이 투명하고 맑고 깨끗한 물이 솟는 샘물가에서 온갖 욕설을 하고 그 샘물에 침을 뱉고 저주를 퍼부었다고 하

자. 그렇다고 샘물이 더러워지겠는가? 그렇지 않다. 샘물은 또다시 새로운 맑은 물을 내뿜는다. 그래서 더러운 물을 밖으로 밀어낸다.

설사 누군가가 샘물에 진흙이나 오물을 집어넣는다고 해도 마찬가지다. 샘물은 절대 더러워지지 않는다. 계속해서 맑은 물을 뿜어내는 한.

당신의 영혼도 마찬가지다. 쉼 없이 맑은 물을 뿜어대는 샘물처럼 맑은 생각과 긍정적인 힘을 끊임없이 생성해야 한다. 그래야 내적 분란도, 외적 혼란도 이겨낼 수 있다.

21

오늘 하루도 아름다운
열매를 맺어야 한다

복숭아나무에서 복숭아가 열린다. 감이 열리지는 않는다. 포도나무에서 포도가 열린다. 마찬가지로 사과나 배가 열리지는 않는다. 이건 진리이며 생각할 수 있는 나이가 되면 그 정도는 누구나 다 아는 사실이다.

그러나 열매가 달리지 않는 나무를 보고 그 나무가 어떤 나무인지 알아보기란 여간 쉽지 않다. 나무에서 사과든 복숭아든 열매가 달린 후에야 그 나무가 사과나무였구나, 복숭아나무였구나, 하고 쉽게 알 수 있다.

이와 같이 사람의 본질을 알려거든 그 열매를 보면 된다. 사람에게 있어서 열매란 일상적인 생활 습관이나 삶을 대하는 태도라 할 수 있다.

흔히 이런 사람들이 있다. 집안이 가난해서 출세하지 못했다고 투덜대는 사람이 있다. 또 부모님께서 예쁘게 낳아주지 않아서 모든 면에서 손해를 본다고 부모님을 원망하는 사람도 있다. 물론 그 점을 어느 정도 이해는 하지만 그게 정말이지 나은 인생을 살지 못하는 결정적인 원인은 될 수 없다. 이런 열매를 가진 사람은 결코 발전된 삶을 살 수 없다.

인생이라는 나무를 잘 기르기 위해서는 자기에게 주어진 환경에 대해 투덜대거나 원망을 해선 안 된다. 또한 아무 생각 없이 먹거나 놀면 안 된다. 이런 무의미한 생활에서 탈피하고 멋진 열매를 맺기 위해 하루하루의 삶에 충실하고 내면을 씻고 가꿔야 한다.

이런 삶을 산다면 그 나무는 아름답고 귀중한 열매를 계속 맺게 될 것이다. 또한 당신의 열매로 인해 사람들은 위로를 받고 신뢰를 나누며 행복을 가져갈 것이다. 당신에게는 지금 어떤 열매가 매달려 있는가?

22

자기 안으로
여행을 가자

사람들은 현실에서 벗어나고자 한다. 그 이유는 현실의 삶이 마치 사막처럼 삭막하고 건조하고 힘겹기 때문일 것이다. 물론 잠깐 모든 것을 잊고 한적한 시골이나 해변 아니면 산속으로 떠나는 건 꽤 괜찮은 일이다.

그러나 떠난다고 해서 현실의 삶이 달라지는 건 아니다. 다시 말해서 현실의 문젯거리들이 다 해결되는 게 아니란 뜻이다.

현실을 벗어나고자 한다면 진짜로 편히 쉬고 에너지를 재충전하고 다시금 각오를 다질 수 있는 좋은 장소가 있다. 그 장소를 소개하고자 한다. 그곳은 바로 마음이다. 자신의 마음 말이다.

자신의 마음속이야말로 최상의 안식처이자 은신처이자 평화로운 곳이다. 자기 자신의 영혼보다 더 아늑하고 행복한 곳은 없다. 비록 현실의 짐이 너무나 무겁지만 영혼이 맑다면 그 장소는 그 어디보다 더 훌륭하다. 이 은신처에 머무는 동안, 모든 것을 버리고 모든 것을 채워라.

끊임없이 자신을 쇄신하라. 조용히 명상하라. 그리고 명상은 최대한 간결하고도 근본적이어야 한다. 그것을 잊지 않는 것만으로도 영혼은 깨끗이 정화되고 현실의 짐은 모두 사라질 것이다.

23

탈출로 얻는 자유는
참된 자유가 아니다

노예는 바라는 것이 하나 있다. 그건 바로 자유다. 무엇보다 먼저 발목에 달린 쇠사슬을 풀고 싶어 한다. 그 쇠사슬이 발목을 잡고 있는 한 영원히 자유로울 수 없다고 그는 생각한다. 그는 말한다.

"만일 내가 쇠사슬로부터 해방되면 나는 '절대 행복'을 얻을 것이다. 더는 주인의 눈치를 볼 필요도 없고 주인과 동등한 위치에 서서 대화를 나눌 수도 있고 주인을 위해 일할 필요도 없고 긴 여행을 가기 위해 굳이 주인의 허락을 기다릴 필요도 없다. 나는 자유로워지고 싶다. 제발 이 쇠사슬을 풀어다오."

만약 누군가가 노예의 삶을 속박한 쇠사슬을 풀어준다고 하자. 그러면 노예는 어떨까? 일단 노예는 소리를 지르며 기뻐할 것이다.

"나는 자유를 얻었다!"

그러나 곧 그 자유는 점점 사라지고 마음 한쪽을 바위 같은 걱정이 짓누른다.

노예에게 더 이상 주인은 밥을 주지 않기 때문에 노예는 자기에게 밥을 줄 사람을 찾아 헤맬 것이다. 그러나 밥을 줄 사람을 찾는 게 여의치 않으면 도둑질 같은 비열한 행동을 하고 말 것이다. 그러다 결국, 그는 이전보다 훨씬 더 고통스러운 삶을 살게 될 것이다.

그러나 운 좋게 삶이 잘 풀려 이러한 인간이 부자가 되면 어떨까? 그는 갑작스러운 횡재 탓에 돈을 흥청망청 쓰게 될 것이다. 음탕한 여자를 연인이라고 데리고 다닐 것이다. 결국, 모든 재산을 탕진하고 끝내는 울고 말 것이다.

그는 울면서 이렇게 말한다.

"차라리 노예 시절이 좋았어. 그 주인과 함께 살 때가 그래도 행복했어. 일만 열심히 하면 때 되면 밥도 주고 간간이 간식도 주고 내가 병이 나면 약도 주고 신발이 닳으면 신발을 사주고 옷이 낡으면 새 옷을 주는 등 내 모든 것에 관심을 기울여 주었는데. 차라리 그때가 더 자유스러웠어."

이처럼 자유란 단지 당신이 발목을 묶고 있는 쇠사슬로부터의 탈출이 아니다.

참된 자유란 감옥에서도 느낄 수 있고 전쟁터에서도 누릴 수 있다. 참된 자유는 현재로부터의 탈출이 아니라 현재에 사는 것이며 현재에서 만들어가는 것이다.

한 개의 희망이
백 개의 절망을 이긴다

우리의 삶에서 없어서는 안 될 것이 참으로 많다. 사랑도 그렇고 우정도 그렇고 열정도 그렇다. 이런 것 중의 하나 정도 없다고 해서 삶이 끝나는 건 아니다.

그러나 없어서는 절대로 안 되는 것 하나가 있다. 그건 바로 '희망'이다.

만약 인생에서 희망을 제외한다면 당신의 인생은 대체 무엇이란 말인가? 희망이 없으면 일하는 의미도 없고 공부하는 의미도 사라지게 된다. 또한 희망이 없다면 도덕적으로 살 이유도 없다. 곧 향락에 빠질 것이다.

"먹고 마시자. 어차피 내일 죽을지도 모르는데….."

술, 도박 등으로 인생을 낭비하고 벌레처럼 되어갈 것이다.

우리는 지금 희망이 없는 '절망의 시대'에 살고 있다.

사람들의 말 속에서 절망의 숨소리가 들려온다.

절망으로 가득 찬 삶은 절대 행복할 수 없고 절망이 깊으면 자살을 하거나 타인에게 상처를 입히고 만다. 오늘날 세계가 직면하고 있는 문제 중의 하나다.

그러나 퍽 다행스러운 건 백 개의 절망을 이겨내기 위해 백 개의 희망이 필요한 게 아니라는 것이다. 단 하나의 희망으로도 모든 절망을 이겨낼 수 있다.

그 하나의 희망, 바로 당신으로부터 시작하는 건 어떨까.

◉

사는 것이 팍팍하고 힘겨울 때
당신 자신을 스스로 죽여라.
머뭇거릴 필요도 없다.
지금 당장 죽여라.

처세의 부피

사람과 사람 사이에 인생의 정답이 숨어 있으니

어른이 되어 만나는 삶은 광활하고 깊고 아름답다. 그곳에서 어떤 자세를 취하고 어떤 행동을 보일지 그건 순전히 당신의 몫이다.

01

아는 것이 없으면
용감해질 수 없다

이런 사람이 있다. 지식을 습득하는 게 인생의 기쁨이고 권력보다 지식이 더 가치가 있고 최고의 지식은 오직 책에서만 얻을 수 있다고 믿는 사람.

물론 이런 사람은 괜찮은 사람이다. 그 지식을 통해 자신의 마음을 다스리고 타인을 이롭게 한다면 그는 참된 지식인이며 세상의 발전에 공헌하는 사람이다.

그러나 남보다 몇 개 더 안다고, 마치 세상의 이치를 다 깨우친 것처럼 말하는 사람이 있다. 자기의 지식이 그 누구보다도 더 깊고 높다고 떠들어대는 사람이 있다. 다시 말해서 지식을 자랑하며 우쭐거리는 사람. 그런 사람이 혹여 주위에 있다면 거리를 두는 게 좋다.

그는 지식의 참뜻을 모르고 사람을 속이려는, 한마디로 사기꾼이다. 얕은 지식으로 무지한 사람을 현혹시키고 무지한 사람을 무시하고 무지한 사람을 탄압한다. 또한 남의 지식도 자기의 것으로 교묘하게 바꿔치기해 말도 안 되는 법칙이나 이론을 만들어 순수한 지식을 혼란에 빠뜨린다. 그런 사람은 겉보기에는 박사처럼 보일지 몰라도 그는 자기 자신이 누구인지도 모르는 진짜 바보다. 또한 그는 아는 것이 없기에 용감하지 않으며 행동을 두려워하는 소인배이다.

나는 나 자신을
평가한다

흔히 사람들은 남을 사랑한다고 말하지만 어쩌면 가장 사랑하는
사람은 자기 자신인지도 모른다. 또한 남의 생각을 존중한다고 말하
지만 자기 생각을 가장 믿고 가장 존중한다.

그런데도 자기 자신을 평가할 때는 유독 다른 사람들의 의견을 더
존중한다. 그리고 만에 하나 다른 사람이 자기를 나쁘게 평가하면
화를 내고 그 사람을 멀리하게 된다.

반면 다른 사람이 나를 좋게 평가하면 그에게 친절을 베풀고 웃음
을 보인다. 그러다 보면 거짓이 난무하게 되고 사람에 대해 정확히
평가할 수 없게 된다.

다른 사람에게 좋은 평가를 받고 싶다면 자기 자신에게 부끄러운

일을 하지 않으면 된다. 다른 사람이 나를 어떻게 생각하느냐가 중요한 게 아니라 나 스스로 내가 어떤 사람인가 하고 생각하는 게 더 중요하다는 것을 알아야 한다.

03

광활한 삶 앞에
어떤 자세를 취할까

십 대는 부모의 보호 아래 있다. 또한 아직 생각이 성숙한 단계가 아니므로 잘못을 저질렀을 때, 어느 정도 용서가 되고 법의 집행을 유예할 수 있다.

하지만 어른이라는 이름표를 달게 되면 달라진다. 혼자서 세상과 맞서야 하고 자기가 한 일에 관해선 책임을 져야 하며 또한 나은 미래를 위해 부단히 노력해야 한다.

어른! 그리 즐겁지만은 않다.

가장 많은 노력이 요구되는 시기임을 알아야 한다. 그렇다고 너무 겁을 먹을 필요는 없다.

어른은 너무나 심각하지 않게 즐거운 평화와 자연의 푸름을 만끽

하는 시기이다. 그러면서도 서서히 성숙기의 힘든 언덕을 올라갈 준비도 해야 한다. 어쩌면 그 언덕은 아주 뾰족하고 거대한 바위로 가득 차 있는지도 모른다. 하지만 열심히 노력하고 달려가면 미덕의 경지로 올라갈 수 있다. 뭐든지 노력 없이 이룰 수 있는 건 없다. 노력 없이 정상에 오를 순 더더욱 없다.

가는 길에 황량한 계곡도 만나고 발톱이 날카로운 독수리도 만나겠지만 늘 정상을 꿈꿔라. 정상에는 잎이 무성하고 맛있는 열매가 가득한 나무가 있다. 그리고 그곳은 어느 곳보다 높아서 세상을 다 포용할 수 있으며 모든 것이 낮게 보이고 순하게 보인다. 또한 지금까지 살아왔던 삶이 너무나 철없는 어린아이의 칭얼대는 소리임을 깨닫게 된다.

어른이 되어 만나는 삶은 광활하고 깊고 아름답다. 그곳에서 어떤 자세를 취하고 어떤 행동을 보일지 그건 순전히 당신의 몫이다.

시곗바늘을 잠깐 동안만 보고 있어라.
그것은 결코 움직이지 않는 것처럼 보인다.
하지만 시간이 한참 흐른 다음에
우리는 바늘이 움직이고 있다는 것을 깨닫게 된다.
인간의 생활도 이와 다를 바가 없다.
우리 주위나 우리 생활에 일어나고 있는 변화를
우리는 좀처럼 깨닫지 못하고 지낸다.
역사라는 이름의 시곗바늘도 움직이지 않는 것처럼 보이지만
몇 년이 지난 후에 우리는 문득 바늘이 움직이고 있다는 것,
즉 우리들 자신도 세상 모든 것도 크게 변했다는 사실을 발견하게 된다.

　　- 일리인

04

동아줄 같은 튼튼한
줄이 필요하다

인생은 호수처럼 잔잔해 보이는 것 같지만 실상은 그렇지 않다. 알 것이다. 인생이 얼마나 성난 파도처럼 넘실대는지.

또한 인생은 위태롭기 짝이 없다. 순간마다 줄 위를 걷고 있는 것과 다를 바 없다. 그 줄이 동아줄이라면 다행이지만 우리의 줄은 하나같이 굵고 탄탄한 게 아니라 거미줄처럼 가냘프다.

우리는 그런 줄에서 매일 뛰어다니고 춤추며 밥을 먹고 잠자고 휴식을 취하고 있다. 언제 그 줄이 끊어질지 알지 못하면서도 어쩔 수 없이 그 줄을 걸어야 하는 인간은 어쩌면 모험을 감수하는 곡예사와 많이 닮았다. 아무리 발버둥 쳐도 어떤 사람은 오늘 떨어지고 또 어떤 사람은 내일 떨어진다는 차이만 있을 뿐이다.

인간은 남보다 더 거대한 집을 짓고 더 많은 부를 축적하고 더 많은 야욕을 만들지만 자기의 인생이 그 가냘픈 줄 하나에 의지하고 있다는 걸 모른다. 그럼에도 그 줄 하나에 의지하면서 덕을 쌓고 남을 배려하는 자도 있다.

그런 사람들은 비록 가냘픈 줄이지만 그 줄이 튼튼한 동아줄임을 믿고 있다. 그것은 어떤 시련과 아픔에도 꼬이지 않고 아무리 무거운 것을 매달아도 절대로 끊어지지 않을 거라는 확신을 가진다. 아울러 인내와 이성과 깊은 사려를 통해 생겨난 줄임을 강하게 믿는다.

05

아픔을 너무나 보이면
불리하다

이 세상 모든 사람이 다 신뢰할 수 있는 관계는 아니다. 그건 당신이 더 잘 알고 있을 것이다. 그러니 아픈 손가락을 보이지 마라.

만약 그것을 보인다면 순식간에 사악한 무리가 달려와 그 아픈 손가락을 물어뜯고 찌를 것이다. 그러니 아픔도 상황을 봐가며 말해야 한다.

악의를 품은 자들은 늘 남의 약점을 건드린다. 당신의 슬픔이 적의 기쁨이고 당신의 노여움이 적의 즐거움이다. 그러니 아픈 손가락은 적의 행복을 더해줄 뿐 아무런 도움이 되지 않는다. 나쁜 뜻을 품은 자는 늘 당신이 아팠으면 하고 바라고 설령 아프지 않더라도 자꾸 공격해서 아프게 만든다. 호시탐탐 당신을 노리고 있다. 때론 당신이 믿었던 운명조차도 당신의 가장 아픈 상처를 건드리기도 한다. 그러니 절대로 아픈 곳을 드러내지 마라.

아픔은 잠잠해질 때까지 참고 견뎌라. 그리고 그 아픔이 다 아물었을 때, 빈틈이 없을 때 당당히 그들과 맞서라.

물론 아픔을 모든 사람에게 다 숨길 필요는 없다. 허물없는 사이라면, 믿을 수 있는 사이라면 다 보여도 좋다. 그러면 훨씬 더 상처 부위가 빨리 나을 것이다.

06

사람은 자기 안의 욕구를 채워야 직성이 풀린다

욕구가 한번 생기면 사람은 그 욕구를 버리기 힘들다. 아무리 그 욕구를 잠재우려고 해도 욕구는 절대로 사라지지 않는다.

쓰러져 죽은 줄 알았는데 다시 돋아나는 잡초처럼 욕구는 되살아난다. 결국, 인간은 욕구를 버릴 수 없으며 그 욕구를 충족하기 위해 별의별 짓을 다 하게 된다.

당신이 어떤 욕구가 있다면 그만큼 다른 사람에게 약점을 보이는 셈이다. 누군가가 당신의 욕구를 충족시켜 주겠다고 말하는 순간, 당신은 마음이 흔들리고 마음을 빼앗기고 만다.

사람의 욕구를 가장 잘 이용하는 사람들이 바로 정치인이다. 정치인은 대중이 무얼 원하는지 철저히 조사하고 연구한다. 그래서 대중의 욕구를 자극하고 자기 자신이 그 욕구를 채워줄 수 있는 사람이라고 떠들어댄다.

그들은 가진 자들보다 상대적으로 평범하거나 가난한 사람들을 자극한다. 즉, 욕구를 동경하는 자들에게 더 많은 약속을 한다. 장애가 많을수록 소망이 더 열렬해진다는 걸 이미 그들은 파악하고 있다.

그러니 조심하라. 정치인을 조심하고 당신의 욕구를 채워주겠다고 나서는 사람을 조심하라. 또한 자신의 욕구를 될 수 있는 대로 남에게 들키지 않도록 유의하라.

07

명예는 아기 다루듯
잘 다뤄야 한다

성공한다고 해서, 부자가 된다고 해서 반드시 명예가 뒤따르는 것은 아니다. 비록 성공하지 못해도, 부자가 아니더라도 명예를 얻을 수 있다. 명예는 누구나 얻을 수 있지만 또한 아무나 얻을 수 있는 건 아니다.

그러니 명예는 아기 다루듯 잘 다뤄야 한다. 명예라는 것은 고약하고 변덕이 심하다. 그래서 어느 날은 당신을 영광스럽게 만들고 또 어느 날은 당신에게 절망감을 안겨주기도 한다.

명예를 얻기 위한 과정도 무척 힘들겠지만 얻은 명예를 간직하고 유지하기란 더더욱 힘들다. 명예로운 삶을 살다가도 사악한 자들에 현혹되었거나 스스로 명예로운 삶을 거부해 비참한 종말을 맞이하는 이도 있다.

네로는 집권 6년간 로마제국을 통치하며 최고의 명예와 최고의 권력을 누렸다. 그러나 그의 마지막은 그렇지 못했다. 마지막 6년은 최악의 황제가 되고 말았다.

반면 젊었을 때는 나약하고 보잘것없던 통치자가 나이가 들어감에 따라 더더욱 명예롭고 사람들에게 존경을 받는 불멸의 제왕이 된 경우도 있다.

오늘날, 사람들은 명예의 왕국에 도달하기 위해 항해를 나선다. 출발은 훌륭했지만 과연 마지막까지 그 왕국에 도달할 수 있는 자는 몇이나 될까?

지금 명예를 얻었다고 해서 우쭐거려선 안 된다. 또한 지금 명예를 얻지 못했다고 해서 낙담할 필요도 없다. 명예는 지금보다 내일을 기약한다. 늙었을 때, 명예가 실추될 수도 있고, 얻지 못했던 명예를 얻을 수도 있다. 그러니 늘 내일을 생각하며 오늘의 말과 행동에 신경을 써라.

08

고난은 멋진 인생으로
달려가는 길이다

고난이 인간을 한없이 나락으로 추락시키는 것만은 아니다. 고난은 어쩌면 인간이 얼마나 강인한지를 시험하고 있는지도 모른다. 고난은 알고 있다. 인간에게 굴복당한다는 것을. 그럼에도 고난은 인간에게 덤빈다.

그 이유는 분명 나약한 인간들이 존재하기 때문이다. 견딜 수 있는데, 이겨낼 수 있는데 고난에 무릎을 꿇고 마는.

고난을 긍정적으로 봐야 한다. 당신을 강하게 만들기 위한 과정이다. 그러나 반대로 환락은 사람을 한없이 약하게 만들고 마음을 병들게 한다. 그렇다고 환란이 다 나쁜 건 아니다. 고난을 용감하게 견뎌내면서 그 사이사이 맛보는 달콤한 환락과 휴식은 해롭지 않다.

오히려 삶에 대한 강한 희망을 불러일으킨다. 고난은 그것을 이겨 냄으로써 맛볼 수 있는 환락을 어느 정도 담고 있다.

만약 당신이 멋진 인생을 살고자 한다면 환락보다는 고난 쪽을 더 좋아해야 한다. 그 고난의 길은 올바른 길이며 당신을 빛나게 하는 길이다.

사람과 사람 사이에 인생의 정답이 숨어 있으니

귀는 활짝
열려 있어야 한다

귀의 위치를 보자.

눈과 코와 입은 얼굴의 앞면에 있지만 귀는 측면에 붙어 있다. 그런 이유로 어떤 이들은 귀에 거짓말이나 악의 소리가 쉽게 들어와 머리로 통한다고 생각한다. 그러나 그건 마음이 곱지 않는 사람의 경우이고 대개 귀는 좋은 기능을 하고 있다.

우리의 영혼이 쉬는 중에도 항상 열려 있으면서 자연과 우주의 소리를 듣는다. 그리고 거짓과 악이 우리의 영혼을 침범하려고 할 때, 영혼을 지키는 파수꾼 역할도 한다. 또한 귀는 눈과 다르게 모든 것을 흡수한다.

눈은 우리가 원하는 것만 보지만 귀는 그렇지 않다. 우리에게 들려오는 세상의 모든 소리를 듣는다. 그리고 눈은 한번 본 것을 다시 한번 또 볼 수 있지만, 귀는 그렇지 않다. 한번 지나간 것은 더 이상 들을 수 없다. 듣는다 해도 그 전의 것이 아니다.

현명한 사람이 되고자 한다면 입은 굳게 닫아 사람을 얻고 귀는 활짝 열어 세상의 지혜를 얻어야 한다.

10

나는 어떤
냄새가 날까

코는 민감하며 기민하다.

그래서 그런지 코는 평생을 두고 조금씩 자란다. 그리고 코는 냄새뿐만 아니라 생명의 호흡과 항상 같이한다. 또한 가슴과 배로 통하는 관문이기도 하다.

썩은 냄새를 맡으면 코가 상하고 아울러 코로 들어간 그 악취는 가슴속까지 전염시킨다. 그러니 속이 편하려면 이왕이면 악취가 아닌 향긋한 냄새를 맡아야 한다. 또한 비리와 시기와 혐오의 냄새보다는 미덕과 영광과 쾌거의 냄새를 맡도록 노력해야 한다.

아울러 밖의 냄새만 한정 짓지 말고 내 안의 것을 맡는 것에도 노력을 기울여야 한다. 나는 무슨 냄새를 풍기는지 말이다.

악취라면 자기의 몸도 썩게 되고 남의 속까지 불편하게 한다. 그러나 향긋한 냄새라면 자기 몸도 정화가 되고 남의 몸에도 위안을 준다.

11

사람과 사람 사이에 인생의 정답이 숨어 있으니

혀에는 사악한
뱀의 독이 있다

입은 영혼이 들어오는 입구인 동시에 영혼이 나가는 출구이기도 하다. 그리고 입은 의사소통을 하기 위해 가장 큰 역할을 하는 아주 중요한 기관이다. 그래서 그런지 입은 이로 보호되어 있으며, 남자의 경우에는 수염으로 가려져 있기까지 하다. 그런데 입 안에는 좋은 것도 있고 나쁜 것도 있다.

그건 바로 혀이다.

한번 내 혀에서 떠난 말은 주워 담을 수 없다.

좋은 말이라면 아무 탈이 없겠지만 나쁜 말은 상대방에게 상처를 줄 수도 있고 생각 없이 내뱉은 말은 곧 후회로 돌아온다. 그러니 그 말을 하기 전에 자꾸 되새김질하면서 이 말이 입 밖으로 나가도 되는지 생각해야 한다.

당신의 입과 혀는 맛있는 음식을 맛보고 말을 씹고 되새김질하는 데만 사용하라. 그리고 너무 많은 말을 하지 마라. 필요한 말만 하라.

우리의 혀는 뱀처럼 사악하다. 그래서 혀끝에 독이 있다. 그 점을 늘 깨닫고 조심하고 또 조심해야 한다. 이것이 인생을 현명하게 사는 지름길이다.

12

심장은 뜨겁고
사랑스러워야 한다

인간의 몸에서 중요치 않은 기관이 어디 있겠는가마는 심장은 특히 중요하다.

심장은 인체의 한가운데에 있다는 것만으로도 알 수 있지 않나. 또한 심장은 수십 개의 갈비뼈가 보호하고 있다. 얼마나 중요하면 그러겠는가. 심장은 인체 모든 기관의 핵심이며 왕이다.

심장은 라틴어로 '조심하라'는 의미를 내포하고 있다. 이 심장은 크게 세 가지 임무를 수행한다.

하나는 삶과 죽음을 가른다. 심장이 뛰면 삶이요, 심장이 멈추면 죽음이다. 그렇기 때문에 심장은 삶의 근원이며 뿌리라 말할 수 있다.

또 하나는 영혼에 용기를 불러일으킨다. 할 수 없다고 생각하는 것도 심장에서 뿜어져 나오는 용기만 있다면 불가능도 가능으로 만들 수 있다. 사자도 이길 수 있고 위험천만한 다리도 건널 수 있다.

그리고 마지막 심장의 임무는 바로 사랑이다. 사랑은 심장이 하는 일 중에 가장 중요한 일이기도 하다. 누군가를 마음에 담고 있다면 가장 먼저 심장이 반응한다. 두근두근, 맥박수가 빨라지고 고백하고 싶은 마음이 생긴다.

지금 당신의 가슴에 손을 올려놔 보라. 그리고 지금의 나에게 자문하라. 내 심장은 진짜로 뜨거운가? 가슴 뛰는 삶을 살고 있는가?

13

최소한의
방어가 필요하다

운동 경기를 하다 보면 상처가 나기도 하다.

상대방이 손톱으로 얼굴을 긁는다든가, 발로 당신의 정강이를 찬다든가, 팔꿈치로 당신의 옆구리를 찍는다든가, 아니면 상대방의 머리가 당신의 머리에 부딪힌다든가 여러 돌발 상황이 발생할 수 있다.

그런 상황이 닥치면 당신은 상대방에게 화를 내거나 항의를 하지 않는다. 상대방에게 악의가 있다고 의심하지 않는다. 운동을 하다 보면 그럴 수도 있다고 이해하고 만다.

그러나 이대로만 넘어갈 일이 아니다. 그렇다고 상대방을 원수로 생각하거나 의심을 하라는 것은 아니다. 다만 다음을 위해 최소한의 방어가 필요하다는 것이다.

"조심해!" "이러지 마!" "왜 그랬어?"

그래야 상대방이 다음 경기에서 당신에게 상처를 입히지 않기 위해 조심할 것이다.

인생도 마찬가지다.

작은 손해를 입었을 때, 그럴 수도 있지 하고 그냥 넘어가선 안 된다. 그렇다고 사사건건 따지라는 말은 아니다. 한 번쯤은 방어하고 경계를 하라는 것이다. 그래야 상대방이 당신을 쉽게 보지 않을 것이고 위험으로부터 피할 수 있다.

14

자기와 다른 사람을
만나야 한다

이 세상에는 조화하는 것이 있다. 아울러 짝이라는 것도 있다. 달이 있으면 해가 있고 바다가 있으며 하늘이 있고 여름이 있으며 겨울이 있다. 그리고 남자가 있으면 여자가 있고 아이가 있으면 노인이 있다.

당신과 반대되는 것이 당신과 어울리지 않을 거라 생각하지만 그렇지 않다. 오히려 그 반대되는 것이 당신을 채울 수 있다. 당신에게 없는 것을 그 반대자가 갖고 있을 확률이 높기 때문이다.

그러니 결혼을 하려면 당신과 반대되는 상대와 하라. 무기력한 남자는 성질이 불처럼 뜨거운 여자를, 활달한 남자는 슬픔에 젖은 여자를, 얼굴이 못생긴 남자는 아주 멋진 여자를 구하라. 그래야 조화

를 이룰 수 있고 완벽한 짝이 될 수 있다. 물론 다 그런 건 아니지만 이왕이면.

15

빛이 밝으면
그림자는 짙어진다

이 세상에는 빛과 그림자가 공존한다.

의사의 경우를 보자. 직업상 그들에게는 빛과 그림자가 있다. 세상 사람들이 병들고 허약해야 그들은 살찔 수 있다.

다시 말해서 세상 사람들의 몸과 마음에 그림자가 드리워야 그들에게 빛이 생기는 것이다. 물론 그렇다고 그들을 비난해선 안 된다. 그들이 세상 사람들이 아프기를 기원한 것도 아니고 아픔은 자연히 발생하는 것이며 또한 그들은 아픈 이들을 고치기 위해 노력하는 고마운 사람들이다. 그럼에도 불구하고 여하튼 삶의 구조는 빛이 있으면 그 반대는 그림자가 있기 마련이다.

사형집행관도 그렇다.

사람의 목숨을 빼앗음으로써 그들이 생활을 할 수 있고 밥을 먹을 수 있다. 이와 같은 것은 유식한 박사들이 있는 곳에서도 일어난다. 많이 배웠다는 이유로 무지한 사람을 무시하고 심지어 그 지식을 복수를 하거나 원한을 갚는 데 활용하기도 한다.

그렇다면 당신은 어떠한가? 당신도 마찬가지다.

당신의 빛이 때론 다른 사람에겐 그림자가 될 수도 있다. 당신은 악을 없애기 위해 노력한다지만 어쩌면 그 행동은 악을 보존하고 증가시키고 있는지도 모른다. 그 점을 명심하라.

16

이것은 불행이 아니라
행복이다

바위를 보라. 끊임없이 파도가 바위의 온몸을 때리고 성가시게 굴어도 바위는 꿈쩍도 하지 않는다. 바위라고 아프지 않고 상처받지 않겠는가. 그렇지 않다. 바위도 감정이 있고 생각이 있다. 그러나 바위는 이를 악물고 참고 견딘다.

왜 이런 일이 나한테 생기는 걸까, 하고 한탄하지도 않는다. 그 반대다. 오히려 현실에 압도당하지 않고 미래를 두려워하지도 않는다. 그렇기 때문에 바위는 의젓하고 행복한 것이다. 당신도 바위를 닮아야 한다.

당신에게 일어난 불행이 오직 당신에게만 일어날 가능성은 희박하다. 모든 사람이 흔히 겪을 수 있는 일이다. 그렇다고 다 같은 반응을 보이지는 않는다. 어떤 사람은 자기에게 닥친 불행을 불행으로 보지 않고 또 다른 기회쯤으로 받아들이기도 한다. 당신도 그런 마음을 가져야 한다.

정말이지 불행은 불행이 아니다. 행복의 소중함을 깨우쳐주는 고마운 사건이며 그것을 극복하는 힘을 발견하게 하는 훈련이며 다양한 경험을 하게 하는 즐거운 일이기도 하다. 앞으로 어떤 문제에 부닥쳐 불행하다는 생각이 들면 이 법칙을 외쳐보라.

"이것은 절대 불행이 아니다. 오히려 꿋꿋이 참고 견디어내는 것이 바로 행복이다!"

품격이라는
화장이 필요하다

정원의 꽃을 가꾸는 일도 애완견에게 예쁜 옷을 입히는 일도 참 멋지고 아름다운 일이다. 그러나 그것보다 먼저 자기 자신을 꾸밀 줄 알아야 한다. 사람들이 당신의 말을 진리임을 믿게 하려면 어느 정도 치장을 해야 한다. 아름답고 멋진 모습을 보면 신뢰감과 품격이 느껴지기 때문이다. 그렇다고 화려하게 꾸미라는 게 아니다. 화려함은 거짓과 위선으로 보일 수도 있기 때문이다.

아름답고 멋진 모습이란 어떤 것일까?

일단 이마는 점잖은 모습이 우러나게 해야 하며, 눈은 명민함과 순수함이 묻어나게 하고, 입술은 달콤한 진실을 말하는 것처럼 보여야 한다. 또한 몸에서는 은은하면서도 사람의 마음을 흔들 수 있는 향을 풍겨야 하고 미소에는 인간미가 흘러넘쳐야 한다.

그런 외모라면 누구나 당신에게 호감을 갖게 될 것이다. 거기에 그치지 말고 당신의 언행에도 품격을 더하라. 말할 때는 신중히 생각한 후에 내뱉고 적재적소에 맞는 말을 하며 상대방에게는 정중하고 예의 바르게 행동해야 한다. 그렇게 자기 자신을 치장한다면 인간관계에서 좋은 위치를 선점할 수 있을 것이다.

물론 품격이라는 건 하루아침에 이루어지지 않는다. 몸에 배어야 자연스럽게 나타나는 것이다. 그러니 품격을 습관화하고 늘 연마해야 한다. 그리고 가장 중요한 건 외적으로나 내적으로나 모든 말과 행동에 진실성이 전제되어야 한다는 것이다. 그 아무리 높은 품격도 진실성을 이길 순 없다.

18

반대되는 것들과
맞물려 살아야 한다

사람으로 태어난 이상 사람을 벗어날 수 없다. 아니 당신이 동물이나 식물로 태어났다고 해도 그건 마찬가지다.

세상 모든 생명체는 그 무리에서 벗어나 독자적으로 살 수 없다. 물론 독자적으로 생명을 유지할 순 있겠지만 그건 사는 게 아니다. 쓸쓸함과 외로움의 나날일 뿐 전혀 삶다운 삶을 영위하지 못한다. 하나는 전체에 속해야 하며 전체 중 일부가 되어야 한다.

사람들이 당신에게 상처를 준다고 해서, 당신을 무시한다고 해서, 당신을 괴롭힌다고 해서 그 사람들을 떠날 순 없다. 잠시 피할 순 있겠지만 결국은 그 사람들과 함께 이 땅에서 살아야 한다. 당신이 스스로 사람이기를 포기하지 않는 이상 말이다. 그러니 어울려 사는 법을 배워야 한다.

이 세상은 조화를 이루며 산다. 그러나 그 조화라는 것은 선과 선의 조화가 아니라 선과 악의 조화이다. 이 세상을 보라. 선과 악이 공존하지 않는가. 그럼에도 이 세상은 잘 돌아가고 있다.

그렇다. 이 세상은 대립적인 요소로 가득 차 있으며 그 대립적인 요소들이 상호작용을 하며 세상을 움직이고 있다. 이상한 조화이지만 여하튼 이게 현실이고 이 세상의 법칙이다. 당신이 선에 가깝든 악에 가깝든 당신은 그 반대의 것과 조화를 이루며 살아야 한다. 사람들을 벗어나 해답을 찾으려 하지 말고 사람들 안에서 해답을 찾도록 하라.

그게 바로 세상과 맞물려 살아가는 맛이며 세상을 사는 으뜸의 지혜다.

고치려 해도 고칠 수 없는
결점도 있다

당신은 겨드랑이나 입에서 냄새가 나는 사람을 만난 적이 있을 것이다.

당신은 그런 그들에게 화를 내는가? 화를 낸다면 그로 인해 당신이 얻을 수 있는 이익은 무엇인가? 아마도 그다지 없을 것이다. 그이유는 겨드랑이 냄새나 입 냄새는 선천적으로 타고난 경우도 있기 때문이다. 선천적으로 타고난 것을 바꾸라고 말한다면 그 사람은 난감해할 것이다.

그 사람도 충분히 이성적인 사람이기 때문에 알고 있다. 자신에게서 악취가 난다는 사실을. 그러나 이성만으로는 그것을 고칠 수 없다. 본성에 가까운 것이기에.

그러나 만약 당신의 이성으로 상대방의 결점을 고칠 수 있다면 조금도 망설일 필요는 없다. 그 잘못을 지적해 주고 일깨워 줘라. 그리고 따뜻한 위로와 함께 도움을 줘라. 그 사람이 당신의 호의를 기꺼이 받아들이고 당신에게 도움을 청한다면 당신도 좋고 상대방도 좋다. 그러나 아무리 노력해도 상대방이 고칠 수 없는 것이 있다면 그냥 내버려둬라. 또한 그 결점에 대해 화낼 필요도 없다. 고치려 해도 도저히 고칠 수 없는 것들이 있기 마련이다.

◉

만약 지금이 당신의 인생에서
가장 외롭고 쓸쓸한 시기라고 하면 미래에 대하여 미리 상상하든지,
혹은 겪고 다시 떠올릴 수 없는 과서를 회상하는 일은 그만두라.
오히려 아주 바쁘게 움직여서, 마음속 고동과 걱정이 제거되도록 노력하라.
그러다 보면 어느 날, 아마도 당신이 그 일을 미처 마치기도 전에
그토록 간절하게 바라던 변화가 갑자기 찾아들게 될 것이다.

-헨리 아미엘

행복의 넓이

자신 밖에 있는 게 아니라 마음 안에 있으니

PART

4

그 길이 아니다. 가지 마라. 다른 길로 걸어가라. 그래야 너는 행복해질 수 있다. 지금
저 앞의 길은 유혹의 길이다. 그저 잠깐 웃을 뿐 오래도록 슬픔과 함께해야 할 불행
의 길이다. 부디 다른 길로 걸어가라.

01

생각과 행동의 사이를
최대한 줄여야 한다

성공을 거머쥔 자와 성공을 좇는 자의 차이는 무엇인가? 그건 바로 용기이다.

여기서 말하는 용기란 생각을 실천으로 옮기는 것이다. 우리에게는 지식과 지혜, 고귀함과 진실함, 희망과 행복이 있다. 그러나 이 모든 것들을 가졌다고 해도 그것을 행동으로 옮기지 않는다면 무용지물이 되고 만다.

용기가 없는 인생은 가을이 되더라도 추수할 곡식이 없는 것과 같다. 건조하고 척박한 사막과도 같다.

용기는 다른 게 아니다. 생각한 것을 바로 행동으로 옮기면 되는 것이다. 생각과 행동 사이의 시간을 최대한 줄여야 한다.

생각하는 순간, 곧바로 행동하는 것, 그게 진정한 용기요 멋진 인생을 사는 방법이다.

02

사람은 공통점과
차별화를 동시에 원한다

유유상종이라는 말이 있다. 같은 것끼리 모인다는 것이다. 백조는 백조와 어울리고 까마귀는 까마귀와 어울리고 고양이는 고양이와 어울린다. 동물만 그러겠는가.

공통점을 가진 것끼리 서로 결합하고 어울리려는 것은 만물의 본성이다. 흙의 성질을 가진 것들은 흙으로 향하고, 물의 성질을 가진 것은 물로 향한다. 그것을 떨어뜨리기 위해선 물리적인 힘을 가해야 한다. 그래서 그들은 저항하면서 끝끝내 결합하고 어울리기를 원한다.

인간도 마찬가지다.

자기와 비슷한 성질, 비슷한 성격과 어울리고자 한다. 또한 학연이

나 지연 등을 따진다. 그래서 간혹 정치 집회나 모임 등으로 서로의 공통점을 발산하기도 한다.

그러나 세상 모든 사람이 서로의 공통점만을 좇지는 않는다. 공통점을 거부하는 사람들도 있다. 같다는 것에 언짢음을 느끼고 서로 협력한다는 것을 못마땅하게 여기며 상호 교류에 대해서도 부정적이다. 그렇다고 그런 사람들을 이상한 눈으로 볼 필요는 없다. 공통점을 거부하는 그 사람들도 우리가 모르게 공통점을 가진 자들과 최소한의 교류를 하고 있으니까. 다만 그들은 자기만의 개성과 차별화에 집착하는 또 다른 모습의 우리 자신일 뿐이다.

03

당신의 관용을
누가 막겠는가

누군가가 잘못을 했다면 그 잘못을 한 사람을 잘 타일러라. 물론 부드럽게 말이다. 윽박지르고 모욕감을 준다면 그 사람은 잘못을 뉘우치기는커녕 오히려 당신에게 반항심만 생기고 자신의 잘못마저도 인정하지 않으려 할 것이다.

잘못을 한 사람에게 부드럽게 타이르는 것이 불가능하다면 이런 때에는 당신에게 관용이라는 것이 부여되어 있다는 것을 상기하라.

신들도 인간의 잘못에 대해 많은 관용을 베푼다. 자연도 마찬가지다.

자신을 훼손하고 망치는 인간에게도 자연은 똑같은 사랑을 주고 기쁨을 주고 양식을 준다. 심지어 신과 자연은 부와 명예를 얻으려는 그들의 노력을 돕기까지 한다.

이처럼 신과 자연은 자비롭고 마음이 넓다. 당신 역시 충분히 그럴 수 있다. 남의 잘못에 대해 넓은 마음으로 껴안아 주기 바란다.

세상 사람들이 절대로 용서해선 안 된다고 말해도 당신이 관용을 베푼다면 그 누가 당신의 그 고귀한 뜻을 막을 수 있겠는가!

04

과해서도, 부족해서도
안 되는 게 목표다

무턱대고 목표를 세우지 말고 두 번 생각한 후에 목표를 세워야한다. 그 이유는 다음과 같다.

무리한 목표를 세운다면 그 목표가 인생에 있어서 평생 무거운 짐으로 작용할 것이다. 그래서 목표만 생각하면 한숨이 나오고 신음할 것이며 거대한 벽 앞에서 끊임없는 좌절감을 느끼게 될 것이다. 또한 과도한 명예욕에 집착하여 자신을 망치고 탐욕의 삶으로 전락할 수 있다.

반대로 너무나 작은 목표를 세우는 것도 문제다.

작은 목표는 남에게 존경받지 못하고 신세를 그르치게 되고 인생자체를 시시하고 따분하게 만든다. 그리고 잦은 성취욕 때문에 자신이 이 세상에서 최고인 것으로 착각하게 된다. 그래서 남을 얕잡아 보고 남의 의견이나 생각을 짓밟고 만다.

그러니 인생의 목표를 세울 때는 너무나 무리한 목표도 너무나 작은 목표도 아닌 목표를 세워야 한다. 자기가 충분히 짊어질 수 있는 무게의 목표, 그러나 바로 눈앞의 것이 아닌 한 걸음 앞의 목표, 그런 목표를 세워야 한다.

목표는 삶의 의욕을 북돋아 주고 내가 살아 있는 이유를 부여하기도 한다.

지금 당신의 목표는 무엇인가? 그리고 그 목표는 제대로 된 목표인가?

05

자기 일을 하면
즐거운 인생이 시작된다

자기만의 일을 찾아야 한다. 생활 때문에, 좀 더 구체적으로 말하
자면 먹고사는 문제 때문에 자기가 원치도 않는 일에 자기의 인생을
판다면 그 사람은 절대로 그 일에 만족할 리 없다.

그 일에 금방 싫증을 내고 일에 대한 열정도 식기 마련이다. 자존
심이 없는 곳에는 진정한 행복도 있을 리 없다. 자기 일을 부끄러워
하고 싫어하는 자 역시 행복할 수 없다.

그렇다고 그 일을 그만둘 순 없다. 일을 그만두는 순간, 굶게 되기
때문이다. 그렇기 때문에 자신의 재능을 발휘할 수 있는 일을 택해
야 한다. 그 선택으로 배불리 살 순 없을지언정 어쩌면 그 일이 인생
에 있어서 큰 위안이 되고 큰 희망이 되고 큰 행복이 될지 모른다.

자기에게 적합하고 행복을 줄 수 있는 일을 선택하기 위해선 일단 자기의 재능부터 파악해야 한다. 자기가 뭘 좋아하는지, 무슨 신조로 삶을 살 것인지도 모르면서 무턱대고 일을 구하면 안 된다. 일은 없는 것 같으면서도 아주 많다. 하고자 한다면 얻을 수 있는 게 일이다. 자기 자신을 제대로 파악한 다음, 일을 구하라. 구한 일자리에 만족한다면 그 외의 것은 어느 정도 포기할 줄 알아야 한다.

직급에 연연하거나 연봉에 연연한다면 자칫 진짜로 하고 싶은 일을 놓칠 수 있다. 일단 하고 싶은 일을 할 수 있다는 것에 만족하라. 그 만족감은 일에 대한 열정과 성취욕을 깨울 것이다. 그러면 자연적으로 좋은 성과를 낼 것이며 그에 상응하는 대우도 따를 것이다.

일 그 자체에 미쳐라. 그러면 진정으로 인생을 즐기며 일하는 자신의 모습이 아름답다고 느낄 것이다.

06

행복과 불행은
선택의 문제다

당신은 불행한가? 불행하다면 먼저 무엇을 해야 할까? 불행의 원인을 남의 탓으로 돌릴 것인가? 아니면 냉정하고 절망밖에 없는 이 세상을 비방하거나 자신의 신세를 한탄할 것인가?

물론 그렇게 해서 위안으로 삼을 수 있다면 그것도 좋은 방법이다. 그렇다고 마음의 평화가 오는 것은 아니다. 불행하다면 그 원인은 당신 안에서 찾아야 한다. 만약 당신이 인생의 순리를 신뢰하고 자연의 법칙을 인정했다면 분명 인생과 자연은 당신에게 은혜와 충족과 기쁨을 주었을 것이다. 그러나 인생의 순리나 자연의 법칙을 어기고 자기 멋대로 행동했다면 인생과 자연은 당신에게 혹독한 시련을 줄 것이다. 당신에게 한없는 슬픔과 고독과 아픔을 줄 것이다.

인생은, 자연은 옳지 않은 길을 가려는 당신에게 늘 이렇게 말했다.

"그 길이 아니다. 가지 마라. 다른 길로 걸어가라. 그래야 너는 행복해질 수 있다. 지금 저 앞의 길은 유혹의 길이다. 그저 잠깐 웃을 뿐 오래도록 슬픔과 함께해야 할 불행의 길이다. 부디 다른 길로 걸어가라."

그러나 당신은 한사코 불행의 길을 걸어간다. 그리고 불행을 다 맛본 후, 후회의 눈물을 흘리며 이렇게 말한다.

"당신 말씀이 옳았소. 나는 인생의 순리와 자연의 법칙을 거부했소. 달콤한 거짓에, 악마의 유혹만을 좇고 있었소. 그래서 결국 나는 이 꼴이 되고 말았소."

배를 만드는 사람, 음악을 작곡하는 사람,
다른 사람을 가르치는 사람, 꽃을 재배하는 사람,
혹은 고비 사막에서 공룡 알을 찾아 나서는 사람이
진정으로 행복한 사람이 아니라면 과연 행복한 사람은 누구일까?
이런 사람들은 난로 밑으로 굴러 들어간 단추를 찾는 것처럼
행복을 찾는 사람이 아니다. 행복 그 자체는 누구의 목표도 될 수 없다.
그들은 하루 24시간 동안 열심히 그들의 일을 하다가
행복을 만나게 되는 사람들이다.

-베람 울페

07

용서는 내가 하고
복수는 신께 맡겨야 한다

신은 말한다. "너를 모욕한 자를 용서하라."

이 말은 굳이 신의 말씀이 아니더라도 우리들이 경험으로 알게 된 의심할 바 없는 진리이다. 실제로 상대방을 미워하거나 복수심을 키운다면 상대방보다 오히려 당신 마음에 더 해롭고 자신의 영혼이 부식된다.

그러나 때로는 당장에 아주 용서해 줄 수 없는 것도 있다. 그래서 이렇게 말한다.

"이번은 용서하지만 나는 결코 잊을 않을 것이다."

"나는 절대로 널 용서할 수 없다. 부디 신께서 널 용서하길 바란다."

이런 어중간하고 위선적인 용서는 차라리 하지 않는 것이 좋다.

마음에도 없는 말일 뿐만 아니라 신에 대한 모독이다.

그러나 용서하려면 처음부터 끝까지 완벽하게 용서하라. 또는 정말로 용서가 되지 않는다면 아예 모든 권한을 신께 맡겨라. 그러면 복수하겠다는 마음으로부터 자유로워질 것이다. 그러면 당연히 마음의 평화를 얻을 수 있다. 모든 권한을 넘겨받은 신은 잘못을 저지른 자에게 응당한 이유가 있으면 적당한 시기에 분명 죗값을 치르게 할 것이다.

당신에게는 오히려 이것이 더 속 편하다. 상처받은 감정도 시간이 지나면 점점 사라지고 신의 은혜에 차차 위안을 받게 된다. 그러니 다시 한번 말하지만 마음속에서 다른 사람과 다투지 마라.

복수의 마음을 품고 산다면 그건 주먹을 휘두르며 싸운 것보다 더 상처를 입게 되고 불안의 원인이 된다. 괜히 마음속에 광기의 씨를 품지 마라.

용서는 당신이 하고 복수는 신께 맡겨라. 그게 가장 현명한 방법이다.

08

사람의 마음을
움직이는 마법

　사람의 마음을 움직이고 사람을 당신 마음대로 움직이는 기술을
익혀라. 그러기 위해선 상대방이 뭘 원하고 뭘 중요하게 생각하는가
를 파악해야 한다.

　상대방이 우상을 섬기는지, 아니면 명예를 중요시하는지, 눈앞의
이익을 좇는 자인지, 쾌락을 추구하는 자인지 알아야 한다. 다시 말
해서 상대방이 마음속에 품고 있는 근본적인 충동이 뭔지 염탐하라
는 것이다. 그것을 알면 쉽게 상대방을 움직일 수 있고 당신 편으로
만들 수 있다. 누구나 다 사람은 자신의 욕망을 채워주는 자에게 약
하고 친근함을 느끼기 때문이다.

　상대방의 욕망이 무엇인지 제대로 파악이 됐다면 다음 단계는 말

이다.

상대방의 기분을 좋게 할 만한 달콤한 말을 던져라. 그리고 결정적으로 당신의 모든 것을 상대방에게 거는 척을 하라. 그러면 상대방은 완전히 당신을 믿게 되고 당신의 사람이 되는 것이다. 당신의 의지대로 상대방을 조정할 수 있다.

알겠는가? 이게 사람을 움직이는 기술이다. 그러나 늘 안타까운 일이 벌어지고 만다. 항상 누군가가 먼저 당신의 마음을 움직이게 한다는 것이다. 다 알면서도 속는 게 당신 아닌가?

09

인생은 권태의 시간인가,
아쉬움의 시간인가

인생은 강한 소나기나 폭풍처럼 빠르고 순식간이기도 하지만 때론 지루하고 권태롭기도 하다. 아무리 훌륭한 소설 작품이라 해도 책의 첫 장부터 끝 장까지 다 재미있는 건 아니다. 지루하고 싫증 나는 대목도 있기 마련이다.

어쩌면 처음부터 끝까지 재미있고 빛나는 소설은 위대한 소설이 아닐 수도 있다. 인간의 삶을 보라. 처음부터 끝까지 빛나는 게 아니지 않은가. 빛나는 시기는 일생에 고작 몇 번에 불과하다.

소크라테스도 연회의 초대가 밤낮으로 있었던 게 아니다. 그 삶의 대부분의 시간은 아내와 함께 지내며 오후에 산책하며 길거리에서 만나 사람들과 얘기하며 보냈다.

칸트도 마찬가지다. 칸트는 쾨니히스베르크에서 태어나 평생 그곳 주위만을 맴돌았다. 십 리 밖에 나가본 적이 없다. 다윈도 예외는 아니었다. 세계 일주 여행을 다녀온 후, 그는 남은 인생을 집에서 보냈다.

소크라테스나 칸트, 다윈 등과 같이 위대한 인물들의 삶을 얘기한 이유는 그들의 삶이 지루하고 권태로웠다는 것을 말하고자 함이 아니다. 지루하고 권태로운 삶 속에서도 그들은 위대해질 수 있었다.

그 이유는 무엇인가? 보이지 않지만 나름대로 꾸준한 노력이 있었다는 것이다. 얼핏 보기엔 그들의 삶이 심심해 보일 수도 있겠지만 그들 자신에게는 참으로 바쁘고 촉박한 인생이었을 것이다. 노력하고 연구하고 지식을 쌓느라 하루하루가 짧았을 것이다. 노력 없이, 정신적 집중 없이, 고난 없이 어찌 위대한 업적이 탄생할 수 있었겠는가.

그들은 알고자 하는 열망 때문에 쾌락을 즐길 시간적 여유조차 없었다. 다만 휴일이면 육체의 건강을 회복하기 위해 적당한 휴식을 취할 뿐이었다.

인생, 누군가에게는 인생 대부분이 지루함과 권태의 시간이지만 누군가에게는 너무나도 짧고 아쉬운 시간이다.

10

스트레스를 피할 수 없는
시대에 살고 있다

오늘의 생활인들은 하나같이 크고 작은 스트레스에 노출되어 있다. 출근하고 퇴근하는 이동 시간에도 스트레스는 여전하다. 자동차 경적 소리와 사람들의 잡담 소리, 음악 소리, 휴대폰 소리 등등. 온갖 요란한 소리 속에 휩싸인다.

이 요란한 소리를 그들은 의식적으로 듣지 않으려고 애쓴다. 그러나 그 안 들으려는 노력이 더더욱 스트레스를 가중시킨다.

또 한 가지 우리를 스트레스받게 하는 게 있다.

그건 바로 우리 곁에는 늘 알지 못하는 사람들이 있다는 것이다. 우리는 서로 아는 사람끼리 말을 섞고 인사를 하며 관계를 유지한다. 그러나 이 세상에는 내가 아는 사람보다는 낯선 사람들이 훨씬 더 많다. 그렇기 때문에 늘 낯선 사람을 살피게 된다. 이 사람이 나에게 적대적인 사람일까 호의적인 사람일까 의식하게 된다.

그 의식은 혼잡한 지하철이나 버스에서도 유감없이 발휘된다. 자꾸 옆 사람이 신경 쓰이고 경계하게 되고 그러다 보면 자신도 모르게 짜증이 나고 때론 이유도 없이 분노를 느끼기도 한다. 그리하여 아침 출근길부터 잔뜩 스트레스를 품고 회사에 도착한다. 그러면 자연히 일에 대해 흥미를 잃고 몸 상태는 좋지 않게 된다. 낯선 사람한테서 오는 스트레스뿐만이 아니다. 낯선 환경이나 낯선 시간에도 스트레스를 받는 건 마찬가지다.

우리들은 스트레스에서 벗어날 수가 없다.

세상이 점점 복잡해질수록 스트레스는 점점 늘어날 것이다. 우리가 건강한 정신을 유지하기 위해서는 스트레스를 최소한으로 줄여야 한다. 그러기 위해선 저마다 마음속에 통로를 만들어야 한다. 마음속으로 들어온 스트레스가 머물러 쌓이지 않고 밖으로 다시 나갈 수 있는 통로. 여유롭고 안정적이고 너그럽고 평화를 부를 수 있는 마음의 통로. 그 통로만이 스트레스를 줄이는 방법이다.

11

마음이 담긴 관심은
보일러 같은 것이다

관심이라고 해서 다 좋은 건 아니다. 자기 욕심을 채우려는 관심, 무언가를 얻기 위한 소유욕 강한 관심 등과 같이 열렬한 반응은 오히려 상대방을 부담스럽게 하고 자기 자신도 불행에 빠뜨린다.

그러니 상대방에게 관심을 기울이려면 따뜻한 관심이 필요하다. 욕심이나 소유욕으로 포장된 관심이 아닌 사랑과 애정과 위안과 위로의 관심 말이다.

따뜻한 관심이 녹아 있는 애정은 사람을 관찰하기 좋아한다.

그래서 누군가가 위험에 처했거나 슬픔에 잠겨 있으면 조용히 다가가 살포시 안아준다. 그리고 각 개인의 장점과 특징을 잘 파악해서 그 사람이 무언가를 시작하기에 앞서 두려움으로 망설일 때, 용기를 주고 충분히 할 수 있다고 격려를 해준다.

대인 관계에서 진정성이 묻어나는 따뜻한 관심은 사람을 얻을 수 있는 최고의 기술이며 당장은 아니더라도 언젠가는 그 관심에 대한 보상을 받게 된다. 물론 보상을 바라고 따뜻한 관심을 베풀어선 안 되겠지만.

따뜻한 관심을 베푼 자는 배은망덕의 괴로움 같은 것은 느끼지 않을 것이다. 진심은 진심으로 돌아오기 때문이다. 설령 상대방이 배신한다고 해도 그는 분노를 느끼지 않는다. 처음부터 뭘 바라고 베푼 애정이 아니기 때문이다. 또한 분노도 애정의 한 부분으로 생각하고 만다.

따뜻한 관심은 스스로 행복할 수 있으며 상대방에게 내가 좋은 친구가 될 수 있다는 사실에 기뻐하며 즐거워한다. 이처럼 따뜻한 관심은 나도 좋고 상대방도 좋고 이 세상이 좋아지는 보일러 같은 것이다.

12

용서를 스스로에게
강요할 필요는 없다

　잘못을 저지른 이를 쉽게 용서하지 못하는 것도 인간이고 또한 잘못을 저지른 이까지도 사랑할 수 있는 게 인간이기도 하다. 당신은 어느 쪽인가? 잘못을 저지른 이도 사랑으로 감쌀 수 있는 경지에 오르길 바란다.

　잘못을 저지른 이를 용서하고 사랑하기 위해선 이런 생각을 해야 할 것이다. 그 사람은 나의 형제이고 나의 친구이며 나 자신이라는 생각. 그런 생각을 한다면 조금 더 사랑의 마음이 생길 것이다. 또한 그 사람이 잘못을 저지른 이유는 어떤 의도가 있어서가 아니라 무지로 말미암은 실수였다고 생각한다면 그 사람을 조금 더 안을 수 있을 것이다.

　그렇다고 자신에게 용서를 강요할 필요는 없다. 자칫 강요된 용서는 더 큰 거짓을 낳고 혼돈에 빠지게 하여 자기 마음을 괴롭힐 수 있다. 그러니 진심으로 감싸 안을 만한 결심이 설 때 그때 용서하고 사랑해라. 마음이 가야 손길이 가는 것이므로.

13

열쇠를 꽂는다고
문이 열리는 것은 아니다

이 세상에 고민 없는 사람이 어디 있겠는가.

그 누구도 고민으로부터 자유로울 수 없다. 그러나 지나치게 고민거리를 안고 사는 사람들이 있다.

남자의 경우를 보자.

회사 일이나 사업으로 생긴 고민거리를 집에까지 끌고 온다. 거기에 멈추지 않고 가장 편안하고 내일을 준비해야 할 침대에서까지 고민거리를 놓지 않는다. 내일 또 일과 맞서기 위해선 충분한 휴식이 필요한데도 아주 늦은 시간까지 고민과 싸우느라 힘을 다 소진한다.

이불 속에서 걱정한다고 해서 뾰족한 수가 생기는 것도 아니다. 그 고민은 결국 불면증을 일으키고 피곤뿐만 아니라 판단력을 흐리

게 하고 우울증까지 안겨준다.

고민거리 앞에 슬기롭게 대처하자.

고민의 시간은 최소한으로 줄이고 행동으로 해결하자. 예를 들어 회사로부터 퇴직을 권유받았거나 사귀는 애인이 불미스러운 일을 했다고 하자. 막상 그런 엄청난 일이 닥치면 누구나 다 속수무책일 것이다. 하루가 고민으로 시작해서 고민으로 끝날 것이다.

그러나 명심할 게 있다. 고민과 해결책은 별개다. 고민을 오래 한다고 해서 해결책이 생기는 건 아니다.

그러니 고민하는 것 자체가 무의미할 수도 있다. 그걸 깨닫는다면 당연히 고민은 적어지기 마련이다.

아울러 고민을 하고자 한다면 문제를 해결할 수 있는 최고의 집중력을 발휘하라. 사색하라. 그리고 절대로 우유부단하지 마라. 우유부단처럼 체력과 정신을 소모하는 일은 없고 무익한 것도 없다. 오직 해결책은 행동뿐.

열쇠를 꽂는다고 문이 열리는 게 아니다. 열쇠를 돌려야 문이 열리는 것이다.

14

자신 밖에 있는 게 아니라 마음 안에 있으니

세상이 존재하는 이유는 당신이 있기 때문이다

세상을 아름답게 보는 사람만 있는 게 아니다. 세상을 부정적으로 보고 한심하게 보는 염세주의자도 있다. 염세주의자는 이 세상에 대해 이렇게 말한다.

"이 세상은 사랑이 메말랐고 이기주의가 팽배하다. 그래서 결국 인류는 사라질 것이다."

어쩌면 일부는 맞는 말인지도 모른다. 지금 세상은 어떠한가? 사랑이 메마르고 이기주의가 판을 친다. 그렇다고 인류가 사라진다고 단정하는 건 옳지 않다. 그 이유는 인간은 분명 사랑을 되살리고 이기주의를 몰아낼 것이기 때문이다.

인류의 지속을 위해서 우리는 무엇을 할 수 있을까? 아주 따뜻하고 특별한 사랑을 가져야 하며 실천해야 한다. 종교가 어떻고 인도주의가 어떻고 인류애가 어떻고 떠들어대는 것은 공허한 잡담에 지나지 않는다.

누구나 사랑을 안고 태어난다. 그러나 척박한 이 세상을 살다 보면 그 사랑이 퇴색하고 사랑의 온정을 베풀어야 할 세상 사람들이 모두 다 적으로 느껴질 때가 있다. 그런 감정이 지속된다면 세상 모두와 싸워야 하고 점점 지치고 힘들어진다. 그러니 그 사랑의 마음을 잃지 않도록 노력해야 한다. 사랑은 지식이나 지혜로 얻을 수 있는 게 아니다. 직접 체험을 통해 얻을 수 있으며 전파할 수 있다.

인도의 한 현자는 이렇게 말했다.

"무지의 반은 사상의 교환을 통해, 남은 것 중 일부는 철학의 연구를 통해, 그 나머지는 자성(自省)을 통해 타개할 수 있다."

사랑도 마찬가지다. 직접 경험하지 않은 사람에게 그 사랑의 감정을 아무리 설명한다고 해도 이해하지 못할 것이다.

사랑은 오직 사랑을 아는 자만이 전할 수 있다. 그런 사람이 있기에 세상은 여전히 아름답고 인류는 영원할 것이다. 그 사람이 바로 당신임을 잊지 마라.

15

불행하다고 생각하면
진짜 불행해진다

시작이 있으면 끝이 있기 마련이다. 그렇다면 어떤 문제가 생겨 좋지 않은 결과가 발생했다면 그 해결책은 의외로 간단하다. 그 좋지 않은 결과를 초래한 최초의 일, 즉 문제의 씨앗을 제거하면 되는 것이다.

불행도 마찬가지다. 불행이 닥쳤을 때, 그 시작점을 찾아 해결하면 불행을 말끔히 제거할 수 있다.

대부분의 불행은 다른 사람의 마음으로부터 오는 게 아니다. 그렇다고 당신을 둘러싸고 있는 환경이나 분위기가 변해서 오는 것도 아니다. 그렇다면 불행의 시작점은 어디일까? 곰곰이 생각해 보라. 그건 바로 불행하다고 단정 짓는 당신의 확신으로부터 시작되는 것이다. 그러니 절대로 불행하다고 단정 짓지 마라. 슬프면 울면 된다. 화가 나면 하늘을 치면 된다. 우울하면 친구를 만나면 된다. 그러니 불행하다고 말하지 마라.

불행을 거부하는 순간, 모든 복잡했던 일은 간단해지고 순조롭게 잘 풀린다.

설령 사고로 인해 다리를 다치고 얼굴에 상처를 입고 몸 이곳저곳에서 고름이 흘러나온다고 해도 이성만은 불행을 받아들이지 마라. 불행하다고 느끼는 순간부터 인생은 진짜 나락으로 떨어지고 불행한 삶이 시작된다. 좋지 않은 상황이 닥쳤을 때 이성만은 냉정해야 한다. 그리고 좋지 않은 상황은 누구에게나 일어나는 일상적인 일로 받아들여야 한다.

그것 또한 자연의 법칙이다. 자연의 법칙에 순응하며 생활한다면 절대 자연은 당신에게 등을 돌리지 않을 것이다. 행복하다고 생각하고 행복하다고 외쳐라. 그러면 그 어떤 불행도 당신을 흔들 수 없으며 감히 근접할 수도 없다. 행복의 시작점, 바로 오늘이며 지금 이 순간이다.

16

내가 외로운 것은
다 이유가 있다

나무에서 나뭇가지 하나를 잘라내면 어떻게 될까? 그 나뭇가지는 다른 나뭇가지들과 헤어지게 된다. 아울러 나무로부터 분리되어 더는 나뭇가지를 나무의 일부라고 말할 수 없다.

인간관계도 마찬가지다. 사람들로부터 외면을 당해 무리에서 쫓겨나면 그는 격리된다. 그러나 나뭇가지와 사람의 차이점은 있다. 나뭇가지는 자기의 의지라기보다는 폭풍이나 소나기 등 외부의 힘에 의해 억지로 나무로부터 분리되지만 사람은 자신의 증오나 혐오나 욕심으로 인해 주위 사람으로부터 분리된다는 것이다. 하지만 안타까운 것은 자신의 잘못을 인정하지 않고 주위 사람들의 냉정함만을 탓한다는 것이다. 그런 사람은 영원히 함께할 수 없다.

사람들로부터 격리되었다고 모든 것이 끝나는 건 아니다. 여전히 사람들은 그를 받아들일 준비가 되어 있다. 그러기 위해선 스스로 잘못을 인정하고 반성해야 한다.

아울러 이웃과 협력하여 다시 전체의 아름다움을 위해 노력하겠다는 각오가 서야 한다. 그런 마음가짐을 가지면 반드시 기회는 오고 세상의 일부로 살아갈 수 있다.

하지만 처음부터 나무와 함께 호흡하고 성장해 온 가지와 한번 격리된 다음, 다시 접목된 가지는 절대 같을 수 없다. 어느 정도 스스로 그 차별을 인정하고 감수해야 한다.

그것은 죄에 대한 대가이기 때문이다. 그렇지만 열심히 살다 보면 언젠가는 그 차이가 점점 줄어들고 어느 순간에는 다시 진짜 나무의 일부가 될 것이다.

하지만 이러한 격리가 자주 되풀이되면 더 이상의 기회는 주어지지 않는다. 영원히 삶을 외롭게 지내야 한다. 아무리 후회한다고 한들 그때는 그 후회의 말조차 들어주는 이가 없다.

17

자신 밖에 있는 게 아니라 마음 안에 있으니

아름다운 인간성을
간직하며 살아야 한다

황제는 많은 부하를 거느린다. 또한 최고의 자리를 차지하고 있다. 그래서 허세를 부리거나 권위를 세우는 데 연연하기 쉽다. 그런데 어찌 황제에게만 허세와 권위를 세우고자 하는 욕망이 있겠는가.

사람이라는 누구에게나 그런 마음이 있다.

그러나 허세와 권위를 앞세운 사람들의 말로는 그리 행복하지 않다. 그렇기 때문에 허세와 권위를 내세우지 않도록 해야 한다.

언제나 소박하고 선량하며 아름답고 순수한 삶을 살아야 한다. 그리고 정의를 지키고 친절한 마음으로 자기의 의무에 온 힘을 다하는 사람이 되어야 한다.

아울러 우리는 모든 일은 이성적으로 처리하고 사물에 대한 경건

함을 갖고 온화한 표정으로 사람을 대하고 사물을 정확하게 보기 위해 지식과 지혜를 쌓고 한번 시작한 일은 끝까지 해내고 또한 책임질 줄 알며 부당하게 자신을 비난하는 사람들에게 굳이 반박하지 말고 너그럽게 포용해야 한다.

남의 말만 듣고 섣불리 사람의 됨됨이를 판단하지 않고, 사람의 능력을 평가할 때 편견을 버리고 객관적으로 평가하고, 작은 침대, 허름한 옷, 기름기 없는 음식 등 최소한의 생활에도 만족해야 한다.

때로는 화장실 가는 시간까지 아끼며 공부해야 하고 남의 말을 막지 말고 남이 좋은 의견을 내면 기꺼이 그 의견을 인정하고 존중해야 하며, 신을 믿어도 되지만 미신에 빠져선 안 되고 죽음의 순간이 다가왔을 때 의연하고 평안한 마음으로 맞이할 줄 알아야 한다.

이와 같이 산다면 그 인생은 이 세상에서 아름답고 멋진 삶을 살았다고 말할 수 있다.

18

성급하게 얻은 지식은
오래가지 않는다

지식은 우리가 살아가는 데 많은 도움이 된다. 위험에 처했을 때 그 위험으로부터 빠져나올 수 있는 실마리를 제공하고, 마음이 혼잡할 때 마음을 다스릴 수 있는 위안이 되기도 하고, 삶의 방향을 잃고 방황할 때면 새로운 시작을 할 수 있는 힘을 준다. 그래서 그런지 사람들은 지식을 쌓기 위해 부단히 노력한다.

그렇다고 지식을 얻기 위해 너무나 성급하게 굴어서는 안 된다. 지식은 하루아침에 얻는 게 아니다. 당신이 가시밭길을 걸으며 상처를 입은 후, 사막을 건너기 위해 땀을 흘린 후 비로소 천천히 찾아오는 것이다. 지식은 왕관을 쓰지 않으며 추기경의 붉은 모자도 쓰지 않고 부자의 금고를 탐하지도 않는다. 다시 말해서 권력과 돈으로 살 수 있는 게 아니라는 말이다.

지식은 오직 몸으로 직접 겪어야만 맛볼 수 있다. 책 속에서 얻는 지식도 지식이라고 말할 수 있지만 체험을 통해 얻는 생생한 지식이야말로 진짜 지식이며 살아 있는 지식이다. 그러니 느끼고 부딪히고 행동하며 지식을 얻어라. 그 지식은 그 누구의 것도 아닌 바로 당신의 것이다.

19

염세적인 사람은
노년이 불행하다

세상사를 비딱한 시선으로 보고 염세적인 감정으로 대한다면 그 사람은 육체적으로나 아니면 정신적으로 뭔가가 결여된 사람임이 틀림없다.

이런 사람들에게는 공통된 특징이 있다. 절대로 자신이 염세적임을 인정하지 않을뿐더러 대인 관계가 그리 원만하지 않으며 타인의 말을 전혀 믿으려 하지 않는다는 것이다.

고집이 세고 이기적인 사람은 염세의 감정이 누구보다도 더 많을 수가 있다. 남의 것을 수용하지 못하고 자기 뜻대로 되지 않으면 모든 것을 적대시하고 쉽게 만족하지 못하기 때문이다. 특히 이런 사람들은 노년에 불행하다.

실제로 그들은 화병에 걸리거나 심한 스트레스에 시달린다.

세상을 보는 눈이 바르고 사람들을 대하는 태도가 순수해야만 행복해질 수 있고 노년의 행복이 보장되는 것이다.

●

기회는 배를 타고 오지 않고 우리들 내부로부터 온다.
기회는 또 전혀 기회처럼 보이지 않으며,
그것은 빈번히 불행이나 실패나 거부의 모습으로 변장해서 나타난다.
비관론자들은 모든 기회에 숨어 있는 '문제'를 보지만
낙관론자들은 모든 문제에 감춰져 있는 '기회'를 본다.

-데니스 웨이틀리

시간의 두께

아늑한 흐름 속에 선명한 나를 만났고

PART

5

당신이 살면서 절대로 놓쳐서는 안 될 물질이나 마음을 풍요롭게 하고 영혼을 맑게 했던 가치들이 결국 덧없고 허망한 것이었음을 깨닫게 될 것이다. 인생은 바람 같은 것이다. 잡히지 않고 떠돌다가 한순간에 사라지고 마는.

01

변화보다 한 걸음
더 빨리 변해야 한다

변화를 좋아하는 사람은 없다. 변화는 지금의 생활을 뒤엎는 일이기 때문이다.

앞으로 일어날 일을 쉽게 예측할 수 없어서 두렵고 불안하다. 또한 변화하는 과정에서 분명 어느 정도의 고통이 따르기 마련이다.

대부분의 사람은 변화를 원치 않는다. 지금 그대로의 모습을 원한다. 그러나 생각해 보라. 변화가 없는 삶은 얼마나 지루하고 답답하겠는가? 그리고 무슨 일이든 이루어지기 위해서는 변화가 있어야 한다. 변화 없이 발전되고 완성된 일은 이 세상 천지에 아무것도 없다.

장작이 불구덩이 속으로 들어갔기 때문에 목욕물을 데울 수 있고 음식을 요리해야 우리 입으로 들어갈 수 있으며 비바람을 참고 견뎌야 나무는 과실을 맺을 수 있다.

그렇지 않은가? 변화는 더 나은 삶으로 가는 과정일 뿐이며 나를 되돌아보는 성찰의 시간이다. 그러니 변화를 두려워하지 마라. 변화는 계절이 변하는 것처럼 필연적인 일이다.

아울러 변화보다 한 걸음 더 스스로 빨리 변하라. 그러면 두려움과 고통도 덜할 것이다. 그리고 분명 남보다 앞선 사람이 될 것이다.

02

아늑한 흐름 속에 선명한 나를 만났고

모든 것은
다 흘러 지나간다

지금 시계를 보라. 지금 이 순간에도 시간은 흘러가고 있다. 이처럼 현재 존재하는 것은 빠른 속도로 당신을 스쳐 지나가고 있다. 그뿐이 아니다.

새로이 생겨난 것도 시간이 지나면 곧 과거의 것이 되고 만다. 모든 것은 강물처럼 항상 변하며 흘러간다. 이 세상에 정지된 건 하나도 없다. 그림 같은 풍경들도 움직임이 없어 보이나 그 나름대로 부단히 몸부림치고 있다. 벽에 걸린 사진도 가만히 있는 것 같지만 시간의 흐름에 묻어 서서히 퇴색하고 있다.

당신 곁에 머무는 모든 것들은 시간 앞에서 그야말로 순간이다. 또한 그것들은 과거 속으로 사라져 버린다.

이런 것을 생각한다면 당신은 지금 겪고 있는 고난을 어떻게 대처해야 할지 알게 될 것이다. 그렇다. 고난에 대해 너무나 괴로워할 필요도 없고 두려운 마음을 품을 필요도 없다.

당신 앞에 놓인 그 고난도 시간 앞에서는 순간에 불과하기 때문이다. 다 지나갈 것을 붙잡고 괴로워하고 우울해한다면 그것만큼 어리석은 일이 또 어디 있겠는가. 굳이 붙들지 말고 흘러가게 내버려둬라. 무엇이든 당신을 괴롭히는 시간은 단지 한순간에 지나지 않는다.

03

아늑한 흐름 속에 선명한 나를 만났고

이 세상에 아름답지 않은 것은
아무것도 없다

장미만이 아름다운 게 아니다. 이름 없는 들꽃도 아름답다. 공작새만 아름다운 게 아니다. 참새도 아름답다. 이 세상에 존재하는 것들은 모두 아름답다. 모든 생명체는 자연이라는 위대한 도자기공이 빚어낸 하나의 작품이기 때문이다.

또한 부수되어 생기는 것도 아름답기는 마찬가지다.

나무로부터 생긴 열매도 아름답고 바다로부터 떨어져 나온 파도의 포말도 아름답다. 또한 이런 것들조차 아름답다. 빵을 구울 때 여기저기가 갈라터질 수가 있다. 빵을 굽는 사람의 의도는 아니었지만 그것도 나름대로 멋이 있고 아름다움을 가지고 있다.

올리브 열매는 성할 때도 아름답지만 썩기 직전의 아름다움은 어디에 내놔도 뒤지지 않는다. 고개 숙인 벼도 아름다움을 담고 있고 포효하는 사자의 입에서 흘러나오는 거품조차도 아름답다면 아름다운 것이다. 부수적인 거라고 그 아름다움이나 가치가 낮은 건 아니다. 사람도 마찬가지다.

근육질 몸매의 남자만 멋진 게 아니라 나이 든 남자도 그 나이에 맞는 매력이 있기 마련이다. 여자 또한 그렇다. 원숙미랄까? 나이 든 여자가 젊은 여자보다 더 빛나 보일 때가 있다. 그러나 주된 것이나 부수적인 것이나 다 아름다운 건 아니다. 그것들을 아름다운 눈으로 바라봐 줄 때 비로소 그것들이 아름다워지는 것이다. 장미를 탐욕과 욕망의 눈으로 바라본다면 장미는 아름다울 수 없다. 그러나 사랑의 눈으로 바라본다면 들꽃도 아름답다.

자연이 빚은 모든 작품은 인간이 진실로 친근감을 표시하고 진심으로 대할 때 진정한 모습을 드러내는 것이다.

04

아늑한 흐름 속에 선명한 나를 만났고

인간의 속을 본다는 건
어려운 일이다

당신이 뛰어난 외모를 가진 사람이 아니라 그저 그런 평범한 얼굴을 가진 사람이라고 하자.

당신이 길을 걸어가는데 누군가가 창가에 기대어 당신을 쳐다보았다고 하자. 그렇다면 그 사람은 당신을 쳐다보기 위해서 창가에 서 있었던 걸까? 그렇지 않다.

그 사람은 그저 지나가는 사람을 쳐다봤을 뿐이고 당신은 때마침 그곳을 지나갔을 뿐이다. 그 사람은 당신에 대해 그리 각별하지 않다.

그러나 뛰어난 외모를 가진 사람이 있다고 하자.

그 사람을 보는 순산, 낭신은 그 사람을 사랑하게 될 수도 있다. 그렇다고 그 사람의 모든 것을 다 사랑한다고 말할 수는 없을 것이다.

왜냐하면 외모 때문에 사랑의 감정이 생겼기 때문일 것이다. 만약 신께서 그 사람에게서 뛰어난 외모를 빼앗아 간다면 어쩌면 당신은 그 사람을 처음부터 관심조차 두지 않았을지도 모른다.

마찬가지로 누군가의 판단력과 추진력 때문에 그 사람을 사랑하게 된다면 진실로 그 사람을 사랑하는 걸까? 아니다. 그 사람의 장점이 사라지면 분명 당신의 마음도 변할 것이기 때문이다. 그렇다면 우리는 누군가를 사랑하기 위해 그 기준을 어디에 둬야 할까?

사실 그 사람의 마음속을 들여다볼 수는 없는 일이다. 그렇기 때문에 일단 눈에 보이는 것으로 그 사람을 평가하고 보이는 것에 매력을 느끼게 된다. 그리고 서로 알아가면서 마음을 보게 된다. 그러나 그 마음을 온전히 보는 건 아니다. 상대방의 마음을 다 알기란 불가능한 일이다. 본인 자신도 자신의 마음을 잘 모를 수도 있지 않은가.

그러니 어쩌면 우리들의 사랑이란 인간 자체를 사랑하는 게 아니라 그 특질이나 보이는 것만을 사랑하고 있는지 모른다.

그러므로 직책이나 권력 때문에 존경을 받는 사람들을 욕하거나 비난할 필요는 없다. 어차피 인간은 보이는 것에 마음이 끌리기 때문이다.

◉

어떤 것도 사물 그 자체로는 명예롭다거나,
수치스럽다거나, 올바르다거나, 그릇되다거나, 기분 좋다거나, 괴롭다거나,
좋다거나, 나쁘다거나 하는 것은 아무것도 없다.
소금이 음식에 맛을 주는 것과 마찬가지로 사물에 성질을 부여하는 것은
사람의 주관이기 때문이다.
인간은 자기들이 행복이라고 믿는 것을 얻지 못했거나
또 그것을 소유하더라도 그것을 잃게 될까 걱정하기 때문에
또는 자기들이 불행이라고 믿는 것을 견디어 나가기 때문에 괴로워하고 있다.
이런 종류의 믿음을 모두 버리면 모든 고통이 사라지게 된다.

-아나톨 프랑스

돈과 명예가 전부이면서
전부는 아니다

생각할 나이가 되면 누구나 다 돈과 권력이 최고의 가치라고 생각
한다. 그 생각은 본능적인 것도 있겠지만 많은 부분은 어른들이 강
요한 학습에 의한 것이다.

간혹 어른 중 몇몇은 고개를 내저으며 어린이들에게 그런 학습을
시킨 적이 없다고 말할지도 모른다. 그렇지 않다. 은연중에 분명 돈
과 권력이 최고라는 것을 주입했을 것이다. 돈과 명예를 다 가지면
행복한 것이고 그중 하나라도 빠지면 그건 불행하다고.

그래서 그런지 몰라도 어른이 되면 하나같이 돈과 권력의 노예가
된다. 그것을 얻는 것이 인생의 목표가 되고 살아가는 이유가 된다.
그런 인간들을 보고 어쩌면 신은 비웃으며 이렇게 말할지도 모른다.

"참으로 단순하군. 그들을 행복하게 만들기도 쉽고 불행하게 만들기도 쉽군!"

돈과 권력을 얻기 위해 온종일 분주한 인간들은 잠시 짬이 나면 쾌락으로 지친 마음을 달래려 한다. 그리고 다음 날이면 또 돈과 권력을 얻기 위해 발버둥 치고 사람에게 굽실거리며 에너지를 소모한다.

정말, 인간의 행복은 돈과 권력에 좌우되는 걸까? 그걸 부정할 수 없는 게 현실이다. 돈과 권력이 많은 부분을 차지한다. 그렇다고 그걸 가졌다고 행복한 건 아니다. 그런데도 사람들은 이왕이면 없는 것보다 갖는 게 훨씬 낫다고 생각하기에 오늘도 힘겨운 삶을 살고 있다. 이 얼마나 공허한가!

06

영혼의 길 위에서
좋은 스승을 만나야 한다

영혼을 살찌우고 연마하는 작업은 여러모로 등산과 비슷하다. 험한 산길을 안내인도 없이 오를 수는 없다. 또한 길을 잘 모르는 사람을 따라갈 수도 없고 가다가 지쳐 쓰러지는 자와 동행할 수도 없다.

어떤 산에 대한 정보도 갖고 있고 그 산을 몇 번쯤은 오른 베테랑 산악인이 정상에 오르기 유리할 것이다. 고귀한 영혼의 고지에 오르는 것도 마찬가지다.

영혼이 오염된 사람이나 영혼의 길을 모르는 사람보다는 순수하고 결이 고운 마음을 가진 사람이나 인생의 깊이가 느껴지는 자에게 배우며 함께 걸어가는 게 좋다. 길은 잘못 들면 다시 새로운 길을 가면 되지만 영혼은 그렇지 못하다.

한번 길을 잘못 들면 큰 상처를 받게 되고 악의 그림자가 진하게 드리울 수도 있기 때문이다. 그러니 영혼을 살찌우고 연마하는 작업은 신중해야 하고 좋은 스승 역시 만나야 한다.

07

죽은 후에도
욕은 먹지 말아야 한다

죽음을 앞둔 자리에서 그가 죽는 것을 보고 기뻐하는 사람이 하나도 없다면 그는 분명 사는 동안 덕망 있고 남을 배려할 줄 아는 사람이었을 것이다. 그러나 애석하게도 모든 사람이 슬퍼하는 가운데 죽음을 맞이하는 사람은 아무도 없을 것이다. 죽은 그를 보고 누군가는 이렇게 말하는 사람도 있을 것이다.

"그분은 참으로 좋은 분이었지. 우리에게 친절하고 덕을 베풀었지. 그렇지만 늘 부담스러웠어. 이제 우리는 그분으로부터 해방이 됐어."

그나마 이 정도면 훌륭한 삶을 산 것이다. 그러나 우리처럼 평범한 사람들은 어떠할까? 우리가 죽은 것을 보고 기뻐할 사람은 수두

룩할 것이다. 얼마나 슬픈 일인가!

그렇다고 죽음을 면할 수는 없을 것이다. 인간이라면 누구나 한번은 가야 하는 길. 그 길을 갈 때 조금이라도 마음 편히 가고자 한다면 이렇게 여기는 게 어떨까?

"그래, 이 세상은 어찌 되려고 죽은 자 앞에서 기뻐하는가. 이런 몰인정하고 야박한 세상이 어디 있는가. 이런 세상을 살아봤자 무슨 소용인가. 차라리 죽는 게 낫지. 그래 나는 간다."

그러나 이보다 더 좋은 방법은 사는 동안 훌륭한 삶을 사는 것이다. 죽는 그 처절한 순간에 욕을 얻어먹으면 얼마나 삶이 허무할까.

08

한 줌의 재가 된다고 해도
여한이 없다

당신의 몸은 껍데기에 불과하다. 머지않아 당신은 그 껍데기를 벗고 하늘나라로 갈 것이다. 아니면 다른 세계로 이주하든 그것도 아니라면 영원히 소멸할 것이다.

아무리 이 세상에 남고자 해도 그건 불가능한 일이다. 영원한 생명이란 없기 때문이다. 죽음을 맞이하는 그 순간, 한 줌의 재로 변할 것이며 단지 남는 건 이름뿐. 그러나 그 이름도 언젠가는 잊히게 된다. 이름은 다만 메아리에 불과하다.

당신이 살면서 절대로 놓쳐서는 안 될 물질이나 마음을 풍요롭게 하고 영혼을 맑게 했던 가치들이 결국 덧없고 허망한 것이었음을 깨닫게 될 것이다. 인생은 바람 같은 것이다. 잡히지 않고 떠돌다가 한

순간에 사라지고 마는.

이렇게 인생이 허망하기 짝이 없다면 굳이 이 세상에 머물 이유가 있을까? 그 이유는 분명 있다.

비록 한 줌의 재가 될 인생이지만, 그 누구 하나 당신의 이름을 기억해 주지 못하는 냉정한 세상이지만, 그래도 당신에게는 존재의 이유가 있다. 당신이 이 세상에 태어난 것은 분명 당신의 의무와 몫이 있었기 때문이다.

그것을 다하지 않는다면 정말이지 이 세상에 태어난 의미조차 없어지는 것이다. 의무와 몫이라는 게 별게 아니다. 당신의 삶 앞에 충실한 모습을 보이는 것이다.

마지막 순간이 올 때까지 오직 유익한 것만을 생각하고 행동해야 한다. 타인에게 선행을 베풀고 어떤 고통도 참고 견디며 연약한 육체이지만 강한 정신으로 보호하고 작은 능력이지만 최대한 발휘해 불가능을 가능으로 만들어야 한다. 그렇게 한다면 한 줌의 재가 된다 해도 여한이 없을 것이다.

09

육체보다 정신이 더
장수할 수도 있다

그리스 의사인 히포크라테스는 수많은 사람의 병을 고쳐주었다. 그러나 정작 자신은 병들어 죽고 말았다.

권력으로 천하를 호령했던 알렉산더, 폼페이우스, 가이우스 카이사르는 전장에서 수만에 이르는 적군을 무찌르고 세상을 지배했지만 결국, 그들도 죽음을 피할 순 없었다.

헤라클레이토스는 우주의 모든 변화는 큰불에 의해 소멸하고 생성된다는 순환의 법칙을 역설했지만 그 자신은 더러운 진흙을 뒤집어쓴 채 죽었다. 아무리 위대한 삶을 살았다고 해도 결국 육체는 죽음 앞에서 무릎 꿇고 만다. 그러나 정신은 그렇지 않다. 육체보다 정신은 더 강하고 영원하다.

육체가 진흙이며 부패라면 정신은 다이아몬드요 순환이다. 육체의 건강에만 집착하기보다는 정신의 건강에 힘써야 한다. 육체가 끝나면 정신도 끝난다고 말하는 사람도 있지만 반드시 그런 것만은 아니다. 모르는 일이다. 육체가 살았던 나이보다 몇 배는 더 정신이 살지도.

10

당신은 움직일 때
가장 아름답다

늘 피곤하다. 그래서 늦잠은 참 달콤하다. 그러나 마냥 잘 순 없다. 사람은 일을 해야 하고 활동을 해야 한다.

아침에 일어나기 싫을 때, 이렇게 생각하라.

'그래, 일어나야지. 보람 있는 일을 해!'

보람 있는 일을 하기 위해 당신이 존재한다고 생각하면 그깟 피곤쯤이야 이겨낼 수 있을 것이다.

지금 창문을 열고 밖을 내다보라.

개미, 새, 작은 식물도 이미 일어나 활동을 하고 있다. 더 이상 이불 속에서 게으름에 굴복해선 안 된다. 물론 휴식이 필요하다. 그러나 자연은 휴식에도 일정한 시간을 정해놓았다. 그런데도 당신은 때

때로 지나친 음주와 과식으로 몸을 망가트리고 휴식의 한계를 벗어나 그 이상의 쾌락을 추구한다. 그런 행동은 결국 자기 자신을 사랑하지 않고 자신이 왜 이 세상에 태어났는지, 그 이유를 망각한 것이다.

자고로, 사람은 일을 하고 활동을 해야 한다.

조각가가 열심히 조각을 하고 무용가가 열심히 춤을 추고 등산가는 열심히 산을 오른다. 사람들은 제각기 자기가 맡은 일에 최선을 다하고 자신이 선택한 일을 안전하고 완전한 궤도에 올려놓기 위해 잠까지 잊은 채 열중한다. 자기에게 주어진 일을 열심히 하는 것보다 보람 있는 일은 없을 것이다.

그러니 어서 일어나라. 눈을 떠라. 일을 하라. 활동을 하라. 당신은 움직일 때가 가장 아름답다.

11

아늑한 흐름 속에 선명한 나를 만났고

천하고 비열한 어릿광대는
되지 말아야 한다

인간은 자신의 목적을 이루기 위해 제각기 열심히 일하고 있다. 어떤 사람은 그 목적을 의식하면서 일하는가 하면, 또 어떤 사람은 습관에 길들여져 목적을 망각한 채 일을 하기도 한다.

고대 철학자 헤라클레이토스는 이렇게 말했다.

"잠자는 사람도 분명 나름대로 역할을 수행하고 있는 것이다. 그는 우주에서 일어나는 일에 협력하고 있다."

이처럼 사람들은 제각기 다른 방법으로 우주의 일에 협력하고 있다. 심지어 남을 속이는 자, 남의 일을 방해하는 자, 남에게 상처를 주는 자도 우주의 일에 협력하고 있는 거다.

왜냐하면 우주는 그들의 협력이 필요하고 그들이 있어야만 이 세상이 돌아가기 때문이다.

그렇다면 당신이 인식해야 하는 것은 우주의 일에 협력하기 위해 어떤 종류의 협력자가 되어야 한다는 것이다. 당신이 좋은 일을 하든 나쁜 일을 하든 우주는 별 상관을 하지 않을 것이다. 당신을 그저 우주의 아주 작은 부분이며 협력자 중의 한 사람으로만 생각한다.

다만 당신은 고대 철학자 크리스푸스의 말을 명심해야 할 것이다.

"극 중에서 천하고 비열하고 나쁜 어릿광대 역만은 하지 마라."

12

아무 일도 일어나지 않을 것이다

최초에 느꼈던 것, 그 이상으로 생각하거나 마음에 담아두지 마라.

가령 어떤 사람이 당신을 비난하고 있다는 것을 다른 사람을 통해 들었다고 하자. 그랬다고 흥분하거나 당신을 비난한 그 사람을 원망하거나 그 사람과 싸우려 하지 마라. 그것은 전해 들은 말일 뿐 당신이 직접 들은 것이 아니다. 그러니 그 이상으로 생각하거나 마음에 담아두지 마라.

또 한 예로 사랑하는 사람이 아파서 누워 있다고 하자. 그렇다고 너무나 당황하거나 슬퍼하지 마라. 잠시 쉬면 회복할 수도 있다. 최초의 인상, 그 이상을 상상하지 마라. 괜한 걱정을 추가하지 마라. 현

상만 바라본다면 분명 아무 일도 일어나지 않을 것이다.

13

많고 적음이 아니라
생각이 중요하다

돈에 대해 당신은 어떤 생각이 있는가?

만약 돈에 대해 신중, 절제, 정의, 용기, 사랑 등과 같은 천사의 이미지로 생각한다면 당신은 "많은 재산은 오히려 좋지 않다"라고 말한 어느 희극 작가의 말에 동의하지 않을 것이다. 그러나 당신이 많은 돈으로 오히려 삶이 불행해지고 의심이 많이 생기고 돈의 노예가 되었다면 이 작가의 말을 쉽게 이해할 것이다.

이처럼 돈이란 그것을 어떤 시각으로 바라보느냐에 따라 달라진다. 유익한 것일 수도 있고 사악한 것일 수도 있다.

돈을 유익한 쪽으로 보기 위해선 일단 탐욕을 버려야 한다. 현자들은 예로부터 돈에 대해 부정적인 생각이 있었다. 그 이유는 그만큼 돈이 사람들의 마음을 갉아먹고 탐욕을 자극하는 무서운 독이기 때문이다. 그러나 돈을 진실한 마음으로 대한다면 독은 순식간에 곡식이 되고 힘이 되고 행복이 될 것이다. 돈이 많고 적음이 중요한 게 아니라 돈에 대해 어떤 생각을 하고 있는가가 더 중요하다. 당신은 돈을 어떻게 생각하는가?

14

돈을 모은 후에도
마음 편할 날이 없다

돈을 버는 것도 중요하지만 그것을 어떻게 사용하느냐가 중요한 문제다.

당신이 많은 돈을 모았다고 하자. 그러면 그 돈을 어떻게 할 것인가? 그 돈을 차지하기 위해 목을 빼고 기웃거리는 자녀에게 모든 것을 다 줄 것인가, 아니면 그동안 고생했던 삶을 보상받기 위해 이롭지 않은 사치한 생활과 쾌락에 빠져 살 것인가. 그런 행동은 교양인답지 못하다.

물론 당신은 돈에서 벗어날 수 없을 것이다. 자선사업을 하자니 돈이 아깝고 새로운 일에 투자를 하자니 두려움이 앞설 것이다. 돈을 벌기 위해 온갖 고초를 겪었는데 돈을 모은 후에도 마음 편할 날이 없다.

결론은 간단하다.

돈을 유익하고 건전하고 행복하게 다스릴 줄 아는 덕망 있는 사람이나 믿을 수 있는 단체에 맡기면 된다. 그러면 돈이 사라진 자리에 행복이 찾아올 것이다.

그리고 만약 당신이 가난하다고 하자. 그러면 돈에 대해 어떠한 태도를 보여야 할까? 그것 역시 간단한 방법이 있다. 당신 수입 중에서 얼마 되지 않는 소액이라도 정기적으로 선행을 위해 써라. 이 일은 누구나 할 수 있는 일이다. 그로 인해 생활이 궁핍해진다고 생각한다면 그건 오산이다. 오히려 그 반대다. 천 원을 내주었다면 분명 만 원의 행복을 얻을 것이다.

돈으로 살 수 없는 그 무엇이 당신에게 찾아올 것이다. 그 무엇 때문에 당신은 스스로 가난하다고 생각하지 않을 것이며 그 누구보다도 더 부자로 살아갈 것이다.

15

멈춰야 할 때
멈출 줄 알아야 한다

한번 움직이기 시작하면 계속해서 움직이려고 하는 성질이 있다. 그렇기 때문에 움직인 이상 멈추는 건 쉽지 않다. 화도 마찬가지다.

한번 화를 내기 시작하면 멈추려 해도 쉽지가 않다. 되레 걷잡을 수가 없는 또 다른 불상사가 나기도 한다.

가능하면 이성적으로 생각하고 비천한 노여움을 보이지 말아야 한다. 마음을 잘 다스리는 사람이 되기는 어려운 일이 아니다. 그러나 그런 경지에 이르기가 쉽지 않다.

사람은 대부분 쉽게 흥분하고 화를 낸다. 그렇다면 화를 최소화하고 화를 냈다 하더라도 멈출 줄 알아야 한다. 그러기 위해선 노여움이 생기면 자신이 화내고 있음을 먼저 인지해야 한다. 그리고 그 때문에 어떤 파급효과를 가져올지 생각해 보라. 당연히 좋지 않은 상황을 바라는 사람은 없을 것이다. 그리고 호흡을 멈추고 한 걸음 물러나라. 그러면 잠시 마음의 평화가 찾아올 것이다.

그 순간 노여움을 버리고 두 눈을 감아라. 두 눈을 감는 순간이 멈춰야 할 시점이다. 멈추고 돌이켜 생각해 보면 그리 화낼 일도 아니라는 걸 깨달을 것이다.

16

친절한 모습을
신께 보여야 한다

어떤 사람이 당신을 비난하거나 경멸한다고 하자. 그렇다면 당신의 마음은 어떻겠는가? 당연히 기분이 좋지 않을 것이다. 그리고 그 사람과 맞서 싸울 것이다. 그러나 그 전에 할 일이 있다. 그건 바로 당신 자신을 되돌아보는 것이다.

내가 왜 다른 사람에게 비난과 경멸을 받고 비웃음거리가 되었는지 스스로 점검해야 한다. 그런 비난과 경멸을 피하기 위해선 말과 행동을 조심하면 된다.

아무런 이유 없이 누군가가 당신을 비난하거나 경멸한다면 그건 당신의 문제가 아니다. 당신은 늘 해왔던 것처럼 모든 사람에게 친절하고 자비롭게 행동하면 된다. 그래서 당신을 비난하고 경멸한 자에게 그것이 잘못되었다는 것을 일깨워 주면 되는 것이다.

이때 상대방을 비난한다거나 자신의 넓은 아량을 자랑하는 태도를 보여선 안 된다. 자칫 그런 행동은 반감을 살 수 있고 없던 미움도 생겨날 수 있다.

당신은 자기 일을 열심히 하고 불평하지 않는 모습을 신께 보이면 된다. 당신이 올바른 본성으로 생활한다면 그 누구도 당신을 비난하거나 경멸하지 않을 것이다.

17

유일하게 인간이
소유할 수 있는 게 있다

인간은 모든 것을 다 가진 듯하다. 모든 피조물의 장점을 소유하고 있고 생명체 중에 가장 뛰어난 존재이기도 하다. 그러나 그건 착각이다.

인간은 모든 것을 다 갖고 있지 않다. 다만 현재 갖고 있는 모든 것들을 대여했을 뿐이다.

보라. 하늘은 인간에게 영혼을 내려주었다. 그리고 공기는 인간에게 호흡을 허락했고 자연은 인간에게 먹을 것을 제공했고 태양은 인간에게 따사로움을 선사했으며 바다는 인간에게 평화로움을 전해주었다.

생각해 보라. 이 모든 것들은 다 유동적이다. 잠시 빌려왔을 뿐 완전히 인간의 것은 아니라는 말이다. 인간이 어떻게 행동하느냐에 따라 이 모든 것이 하루아침에 사라질지도 모른다. 인간의 것은 하나도 없다. 그러나 유일하게 인간이 갖고 있는 게 있다. 그건 바로 덕(德)이다.

그것은 인간이 가진 고유의 것이다. 나를 아끼고 남을 사랑하고 자연을 가꿀 수 있는 아름다운 마음, 덕. 그 덕을 베푸는 것이 인간의 도리이며 인간이 존재하는 이유가 된다. 덕을 베풀면 자연히 다른 모든 것들도 다 인간의 것이 되는 것이다.

18

순간과 영원을
살아야 한다

모든 것에 집착하지 마라. 소수의 진리와 진실한 사랑만 남겨두고 미련 갖지 말고 모든 것을 버려라. 그리고 지금 이 순간을 살아라. 이 순간을 제외한 삶은 이미 지나간 것이거나 아니면 아직 오지 않은 미지의 것이다. 굳이 지나간 것과 오지 않은 것에 아까운 시간을 허비할 이유가 없다.

아무리 인간이 오랜 산다고 해도 우주의 나이에 비하여 짧은 순간에 불과하다. 인간이 아무리 자신의 흔적을 남기려고 한들 그건 지구 한 모퉁이의 낙서에 불과하다.

당신은 남들에게 오래도록 기억되길 바라는가?

설령 남들에게 기억된다고 해도 역시 남들도 사라지기 때문에, 죽은 자들의 기억 속에 당신의 이름이 남는 것과 같다.

그러니 집착하지 마라. 가지려고 남기려고 발버둥 치지 마라. 순리대로 살고 순리대로 돌아가라. 순간순간 열심히 살고 세상의 진리를 찾기 위해 노력하고 누군가를 진실하게 사랑했다면 그게 아름다운 순간이며 영원한 순간이다.

19

자연에서 태어나
자연으로 가는 것이다

인간의 탄생은 자연이 준 선물이다. 죽음 또한 자연이 준 선물이다. 그러니 죽음에 대해 지나치게 두려워할 필요는 없다.

출생은 여러 원소의 결합이며, 죽음 역시 여러 원소가 흩어져 자연으로 돌아가는 과정일 뿐이다. 모든 것을 자연에 맡겨라.

생각해 보라.

어떤 행동이든 적절한 시기라는 게 있다. 멈춰야 할 때 멈추는 것이 적절한 시기인데 그렇게 하면 해도 없고 탈도 없다.

인간의 생명도 마찬가지다. 적당한 시기에 멈추면 전혀 악이 없으며 죽음을 맞이하는 사람도 아무 해도, 탈도 없다.

그러나 인간이 스스로 죽음을 선택할 순 없다. 그저 자연에 맡기는 수밖에. 인간의 죽음을 결정하는 건 자연의 일이다.

우주의 모든 것은 늘 생동감이 감돈다.

그 이유는 자연이 모든 것을 새롭게 만들기 때문이다. 자연은 아주 적절한 시기에 인간의 죽음마저도 새롭게 탄생시킨다. 그러니 태어나 열심히 살았으면 됐다. 죽음도 자연에 믿고 맡기면 된다.

20

아늑한 흐름 속에 선명한 나를 만났고

돌고 돌아
사라질 것이다

생각해 보라.

만약 죽은 후에도 육체가 썩지 않는다면 대지는 어떻게 인류가 시작되었을 때부터 지금까지 매장된 시체들을 다 처리할 수 있었겠는가?

영혼도 마찬가지다.

죽은 후에도 영혼이 소멸되지 않았다면 대기는 어떻게 떠돌아다니는 그 많은 영혼들을 다 품을 수 있었겠는가?

매장된 시체는 한동안 대지에 머물다 서서히 분해된다. 그리고 새롭게 들어오는 시체들에게 자리를 양보해 준다. 영혼도 그렇다. 대기 속에 머물러 있다가 다른 영혼이 찾아오면 그 자리를 양보한다.
그리고 그는 변화하고 분해되어 사라진다.

21

인생의 수레바퀴는
지금도 돌고 있다

이십 대에는 산성에 열성에 집쏠리기 쉽다. 그래서 악의 유혹에 쉽게 넘어간다. 그러니 특히 악을 경계하고 조심해야 한다. 악은 교활한 것이어서 젊은 사람들을 잘 노린다.

설령 악에 빠졌다고 해도 하루빨리 그것에서 이성의 힘으로 빠져 나와야 한다. 이성의 힘은 잘못을 깨우치게 하는 어머니이자 광명의 아버지이다. 그러나 이성의 힘은 아무에게나 주어지는 게 아니다.

엄격한 가정교육을 받은 이는 이성의 힘이 강해지지만 늘 귀여움과 선물을 받으며 자란 나약한 이는 이성의 힘이 미약하다. 이들은 또 남에게 의지하는 게 익숙한 나머지 악에까지 의지하려고 한다. 나약한 과거는 잊고 늦지 않았으니 지금이라도 이성의 힘을 길러 악을 물리쳐야 한다.

삼십 대는 세상을 알아가고 자신을 깨닫는 시기다.

많은 절망도 느끼게 되고 자신의 능력도 알게 되고 자신의 한계도 경험하게 된다. 그러는 과정에서 세상의 이치와 자신의 위치, 그리고 가족의 행복도 알게 된다.

사십 대에는 보다 더 복잡해진다.

용기와 열정이 있는 것 같지만 타협과 굴욕이 공존하고 화합과 의리가 있지만 배신과 절교가 공존한다.

오십 대는 인생의 절정기다.

자신의 권력으로 남을 지배하려 한다. 그러니 누군가에게 통치받는 걸 싫어한다. 모든 것을 스스로 결정하고 최고의 지위에 도달해 인생의 절정을 맛본다.

그러나 육십 대는 정상에서 내려오는 시기다.

낙엽 하나에도 눈물이 나고 자신의 결말을 예상할 수 있으며 과거를 떠올리게 되고 일을 하더라고 비능률적이고 감정도 감각도 무뎌지며 능력도 소실된다. 그렇지만 더더욱 삶이 깊어지고 아름답고 구수해진다. 아, 이것이 인생이구나, 하고 깨달음을 얻기도 한다.

그 이후는 세월의 지배를 받는다. 시간 앞에 나 자신을 맡기게 되고 나는 점점 어린아이가 된다. 태어났을 때로 다시 돌아간다. 그렇다고 인생이 끝난 건 아니다. 더 순수해지고 해맑아지며 살아왔던 인생을 다시금 되돌아보며 또 한 번의 인생을 준비한다.

비록 육체는 늙었지만 마음만은 충분히 젊을 수 있고 활발해질 수 있다. 무서울 게 없고 두려울 게 없고 진짜 자유로워지는 시기이다. 이게 바로 인생을 지배하는 시간의 수레바퀴이다.

22

사는 동안 최대한의
능력을 펼쳐야 한다

시간이 흘러감에 따라 우리는 점점 죽음과 가까워진다. 하루하루가 소모되며 생명의 시간이 줄어든다. 그렇다고 두려워할 필요는 없다. 약해지고 병들어 간다 해도 우리의 정신은 멀쩡하니까.

설령 치매에 걸렸다고 해도 호흡하는 일이나 소화시키는 일, 그리고 상상하는 일은 여전히 그 기능을 발휘할 것이다. 그러나 사는 동안 훈련을 통해 배워왔던 능력, 예를 들어 재능을 발휘하는 능력, 돈을 계산하는 능력, 남을 돕는 능력, 사물을 판단하는 능력 등은 쇠퇴할 것이다.

그러므로 우리는 지금 이 순간을 소중히 지내야 하고 서둘러야 한

다. 단지 죽음이 두려워서가 아니라 훈련을 통해 배워왔던 능력이
사라지기 전에 최대한 맘껏 펼쳐야 하기 때문이다.

23

아늑한 흐름 속에 선명한 나를 만났고

뒤를 돌아보면
앞이 보일 것이다

과거는 이미 지나간 것이다. 그렇다고 과거가 무의미한 건 아니다. 물론 과거에 집착하거나 과거에 발목이 잡혀 미래를 맞이할 수 없다면 문제가 되겠지만.

과거는 곧 미래이기도 하다. 시간은 돌고 돌기 때문이다. 과거를 통해 미래를 예측할 수 있다. 미래의 일도 과거와 별반 다를 게 없다. 왜냐하면 지금 일어나고 있는 일은 이미 누군가가 했던 일이며 순환의 법칙에서 이탈한다는 것이 불가능하기 때문이다.

따라서 인생을 40년을 관찰하든 천 년을 관찰하든 인간사는 비슷하다.

고개를 돌려 때론 뒤를 돌아보라. 그러면 선명하게 앞이 보일 것이다.

◀●▶

이미 흘러간 물로는 물레방아를 돌릴 수 없다.
그것을 고민한다고 해서 흘러간 물이 다시 오지는 않는다.
슬프고 분한 일은 과거로 묻어버리고 오늘로서 생활해야 한다.
한 토막 과거로 날마다 새로운 날들을 더럽혀서는 안 된다.
백 명의 왕의 권력을 모아도 지나간 과거를 다시 불러올 수 없는 일이다.
어찌 그 지나간 일로 괴로워하고 슬퍼하는가.

-벤저민 프랭클린